MW01711212

LES 4Z
OPÉRATION CASSE-CROÛTE

JULIE ROYER

Catalogage avant publication de Bibliothèque et Archives
nationales du Québec et Bibliothèque et Archives Canada

Royer, Julie

4Z : opération casse-croûte

(Slalom)

Pour les jeunes de 9 ans et plus.

ISBN 978-2-89709-139-2

I. Gendron, Sabrina, 1984- . II. Titre. III. Titre : Quatre Z.
IV. Titre : Opération casse-croûte.

PS8635.O955Q37 2016 jC843'.6 C2016-940929-5
PS9635.O955Q37 2016

3e impression : juillet 2021
© 2016 Boomerang éditeur jeunesse inc.
Tous droits réservés. Aucune partie de ce livre ne peut être copiée ou reproduite sous quelque forme que ce soit sans la permission de Copibec.

Auteure : **Julie Royer**
Illustratrice : **Sabrina Gendron**
Graphisme : **Julie Deschênes et Mika**
Illustrations complémentaires : **Mika**

Dépôt légal – Bibliothèque et Archives nationales du Québec, 3e trimestre 2016

ISBN 978-2-89709-139-2

Gouvernement du Québec – Programme de crédit d'impôt pour l'édition de livres – Gestion SODEC

Boomerang éditeur jeunesse remercie la SODEC pour l'aide accordée à son programme éditorial.

Imprimé au Canada

Financé par le gouvernement du Canada | Canada

ASSOCIATION NATIONALE DES ÉDITEURS DE LIVRES

FSC www.fsc.org MIXTE Papier issu de sources responsables FSC® C103567

LES 47

LES 4Z

Nom :

BÉATRICE
ROUGEAU-PAULIN

Âge :

12 ANS

Fonctions :

- ÉLÈVE À L'ÉCOLE DES ÉTOILES SAVANTES, UN ÉTABLISSEMENT VOUÉ AUX ARTS ET AUX SCIENCES
- FAIT PARTIE DU GROUPE 603
- RÉDACTRICE EN CHEF DU JOURNAL DE L'ÉCOLE LA GAZETTE DES ÉTOILES SAVANTES

Nom de code :

ALPHA-BÉA

Particularité :

DOUÉE EN FRANÇAIS, LES JEUX DE MOTS N'ONT PAS DE SECRET POUR ELLE

Nom :

LOUIS-BENJAMIN
BEAUDIN-PROVENCHER

Âge :

12 ANS

Fonctions :

- ÉLÈVE À L'ÉCOLE DES ÉTOILES SAVANTES
- FAIT PARTIE DU GROUPE 601
- PHOTOGRAPHE POUR LA GAZETTE DES ÉTOILES SAVANTES

Nom de code :

BÊTABIDULE

Particularité :

MAÎTRE DU GADGET, PASSIONNÉ PAR LA TECHNOLOGIE

LES 4Z

Nom :

MAY-LEE BINETTE

Âge :

11 ANS 3/4

Fonctions :

- ÉLÈVE À L'ÉCOLE DES ÉTOILES SAVANTES
- FAIT PARTIE DU GROUPE 602
- JOURNALISTE CULTURELLE POUR LA GAZETTE DES ÉTOILES SAVANTES

Nom de code :

GAMMASCARA

Particularité :

ARTISTE DU DÉGUISEMENT

LES 4Z

Nom :

ERBY LOISEAU

Âge :

12 ANS

Fonctions :

- ÉLÈVE À L'ÉCOLE DES ÉTOILES SAVANTES
- FAIT PARTIE DU GROUPE 604
- JOURNALISTE SPORTIF POUR LA GAZETTE DES ÉTOILES SAVANTES

Nom de code :

DELTA-DERBY

Particularité :

C'EST LE CASCADEUR DE L'AGENCE

ENSEMBLE, ILS FORMENT
LES ZALPHAJUSTICIERS !
LEURS RAISONS D'ÊTRE :
A : À L'AFFÛT DE L'ACTION
B : BARRER LA ROUTE AUX MALFAITEURS
C : CAMÉLÉONS PROTECTEURS DU CITOYEN
D : DÉFIER LES DANGERS, DÉCOUVRIR
ET DÉVOILER LA VÉRITÉ

1

LUNDI, 9 H 45

Drrrrrrrrrrrrrrrrrrrrrrrring !

Les portes des classes s'ouvrent. En chuchotant, les élèves envahissent les corridors et se hâtent de se rendre à leurs casiers. Béatrice Rougeau-Paulin, 12 ans, marche lentement vers la sortie qui donne sur la cour de l'école. Un calepin à la main, elle réfléchit à haute voix: «Quel sera le titre de la une du journal étudiant, cette semaine? Chose certaine, il faudra glisser un mot ou deux au sujet d'Étoiles en spectacle, qui se tiendra ce vendredi... Cet événement est l'un des plus importants, sinon le plus important de l'année, à l'école des Étoiles savantes...»

La tête tout à son journal, la rédactrice en chef de **LA GAZETTE DES ÉTOILES SAVANTES** lève la main pour prendre le stylo retenu par l'élastique de sa queue de cheval. C'est à ce moment qu'une ombre, se glissant derrière elle, la fait tressaillir en criant: **«BOUH!»**

—May-Lee Binette! Combien de fois t'ai-je dit de ne pas mettre tes doigts dans mes côtes ? Je dé-tes-te qu'on me chatouille! Et je n'aime pas qu'on me fasse peur! Tu veux me faire mourir ou quoi?

— Excuse-moi. Je n'ai pas pu résister, s'esclaffe la jeune fille.

Béatrice se penche et ramasse son stylo et son calepin, qu'elle a laissé tomber en sursautant. Quand elle se relève, un détail, dans le visage de son amie, attire son attention :

— **EUH...** je n'avais jamais remarqué que tu avais un grain de beauté sous l'œil droit...

— On ne peut rien te cacher, lui répond May-Lee, papillotante. Et elle ajoute sur un ton confidentiel :

— Je ne l'ai que depuis ce matin.

Curieuse, Béatrice rapproche son visage de celui de son amie.

—Il est en silicone, explique May-Lee. On peut l'enlever et le mettre à volonté, à l'endroit désiré, avec une goutte de colle à faux cils. Près de l'œil, ça donne un air mystérieux, trouves-tu ?

—Mmm... Avec cet accessoire, tu me fais penser à la chanteuse Irma Hata.

—Es-tu sérieuse ? Irma Hata est tellement... tellement...

—Je sais, Irma Hata est ton idole !

—Oui, et j'aimerais vraiment lui ressembler quand je monterai sur scène pour interpréter *Chanteuse espionne* au spectacle de l'école.

—Es-tu prête ? C'est dans quatre jours.

—Je répète, je répète... j'ai même appris une chorégraphie pour accompagner la chanson. Là, j'en suis rendue à me créer un super look, avec une perruque, des faux cils et... ce grain de beauté!

Soudain, May-Lee est interrompue par un bourdonnement, d'abord lointain, qui se rapproche à toute vitesse: **« ZOUiiiiiiiiiiiiiiiiiiiiiiiiiiiiiiZZZZ! »**

—Louis-Benjamin! s'écrient les deux filles en voyant arriver leur ami, qui contrôle une minuscule voiture téléguidée à l'aide d'une manette.

—Salut, les filles! Regardez ce que j'ai fabriqué hier soir: **la Turbo Caméra Secrète!**

— Une caméra? s'étonnent May-Lee et Béatrice en échangeant un regard incrédule.

— Une caméra miniature, rectifie Louis-Benjamin avec fierté. Je l'ai fixée à cette petite voiture de course. J'ai récupéré le système d'une vieille auto téléguidée pour pouvoir contrôler mon bolide avec cette manette. Quant à la caméra, je l'ai programmée pour qu'on puisse utiliser mon téléphone intelligent comme un moniteur. Regardez…

Benjamin range la manette dans une poche et sort son téléphone de l'autre. Il touche une icône sur son écran. Les filles se penchent sur son épaule et découvrent une vidéo qui les montre

en train de papoter. Puis on entend un bourdonnement. C'est alors que les deux filles tournent la tête dans la direction de la caméra et crient en chœur : « Louis-Benjamin ! »

Louis-Benjamin arrête la vidéo tandis que ses copines le regardent, ahuries.

— Ce n'est pas tout, dit encore l'inventeur avec un sourire malicieux. Voulez-vous voir ce que j'ai filmé ce matin ?

Sans donner le temps à ses interlocutrices de répondre, il touche à nouveau son écran pour lancer une autre vidéo. Cette fois, on voit May-Lee qui se tient devant le miroir des toilettes des filles et qui colle son grain de beauté synthétique sous son œil droit.

— Arrête cette vidéo ! lui ordonne aussitôt la jeune fille.

Or, les images avancent sans doute plus vite que le doigt de Benjamin, car, avant que ce dernier ne réagisse, les trois amis ont le temps de voir May-Lee utiliser sa brosse à cheveux comme un micro et se mettre à chanter le plus grand succès d'Irma Hata :

Je chante pour vous envoûter

Je suis une artiste
qui aime le danger

Je monte sur scène
pour vous faire rêver

Mais... je suis une espionne
C'est mon vrai métier !

—**GRRRRRRRRRR!** Louis-Benjamin Beaudin-Provencher! Vas-tu l'arrêter, enfin, cette vidéo? crie May-Lee, humiliée, tentant d'arracher le téléphone des mains de son ami.

—Ouais, ce n'est pas très honnête de filmer les gens comme ça, renchérit Béatrice. Mais, soit dit en passant, tu chantes vraiment très bien, May-Lee, ajoute la jeune fille avec un sourire.

—Désolé, l'occasion était trop bonne, pouffe Louis-Benjamin avant de supprimer la vidéo. Mais ce que je voulais prouver, avec ces images, c'est qu'on peut tout filmer avec ma Turbo Caméra Secrète: elle se glisse partout, on peut la téléguider et elle est quasiment invisible.

Couic-pouc ! Couic-pouc ! Couic-pouc !

— Qu'est-ce qui est quasiment invisible ? demande un garçon qui vient vers le trio en béquilles, l'un de ses pieds enveloppé dans une bande élastique.

— Erby ! s'écrient Béatrice, May-Lee et Louis-Benjamin d'une seule voix. Qu'est-ce qui t'est arrivé ?

— Ah... je me suis tordu la cheville en sautant du toit de la remise, samedi, après le dîner. Je voulais tenter une cascade comme dans mon film fétiche, **EXPLOITS DE L'IMPOSSIBLE**. Je pensais atterrir dans la butte de terre noire que mon père a fait livrer dernièrement, pour réaménager le terrain. Seulement... j'aurais dû examiner la butte avant de m'y lancer : pendant l'après-midi, mon petit frère était allé y jouer et y avait laissé ses seaux, ses pelles et ses gros camions... Bref, j'ai vu tout ça trop tard, en tombant dedans. Mon exploit s'est donc terminé à la clinique médicale, avec une entorse. Mais, comme l'a dit le docteur : **« Ç'aurait pu être pire. »**

— Tu devrais être plus prudent, Erby Loiseau, rétorque May Lee en le grondant.

— Bah, répond celui-ci en souriant timidement.

Soudain, un détail dans le visage de son amie attire son attention.

— Tu as quelque chose de changé…, dit-il. Attends… laisse-moi deviner.

May-Lee va lui parler de son fameux grain de beauté quand la cloche sonne la fin de la récréation.

— Oh ! Zut ! Déjà ! s'exclame alors Béatrice. On n'a pas eu le temps de discuter de la une du journal !

— On pourrait en parler ce midi, répond Louis-Benjamin en faisant faire des huit à sa caméra sur roues. On se revoit dans la grande salle, tantôt ?

— C'est certain ! confirme Erby.

—À plus! lancent Béatrice et May-Lee.

Les deux filles se mettent aussitôt à marcher vers la porte, suivies d'Erby, qui imagine des acrobaties à réaliser avec des béquilles, et de Louis-Benjamin, qui profite de tout le temps dont il dispose pour expérimenter sa caméra téléguidée.

Couic-pouc! Couic-pouc!
Couic-pouc!

ZOUiiiiiiiiiiiiiiiiiiiiii

iiiiiiiiiiiiiiiiiiiiiiiiiiiiiiZZZZZ!

2

QU'EST-CE QU'ON MANGE POUR DÎNER ?

Biiiip ! Biiiip ! Biiiip ! Biiiip ! Biiiip !

May-Lee sort son plat du four à micro-ondes et en referme la porte avant de prendre son sac et de se diriger vers la table où est assise Béatrice. Celle-ci, une branche de céleri dans la bouche, prend des notes dans son calepin.

Béatrice sursaute quand May-Lee se laisse tomber sur un banc, en face d'elle, de l'autre côté de la table.

—Salut, Bé! Qu'est-ce que tu manges?

—Un sandwich au poulet et de la soupe à l'alphabet... et toi?

—Un sauté de légumes et de tofu sur un nid de nouilles udon.

—De nouilles... quoi?

—Udon. Des nouilles udon. Ce sont de grosses nouilles japonaises. Tu n'as pas vu la publicité, à la télé, des repas surgelés de marque Japocuistot?

Les nouilles udon-don-don
On les aime donc-donc-donc
Japocuistot-to-to
Arigatô-tô-tô!

En souriant, Béatrice ferme son calepin et remet son stylo dans l'élastique de sa queue de cheval. Elle commence ensuite à déballer son sandwich, tout en demandant à son amie :

— Tu n'as pas oublié la réunion du journal, hein ?

— Non. As-tu trouvé le titre de la première page de notre prochain numéro ? On l'offre à nos lecteurs demain matin...

— Non. Je cherche encore. Je suis à la recherche d'un sujet original.

ZOUiIiIiIiIiIiIiIiIiIiIiIiIiIiIiIiIZ... POCK... SPLOUF !

Le bourdonnement de l'automobile téléguidée, sa course sur la table et son arrêt forcé contre le bol de soupe de Béatrice attirent les regards et provoquent le rire de tous les élèves, sauf celui de Béatrice. En effet, l'accident a provoqué quelques éclaboussures, celles-ci salissant son calepin... Aussi Béatrice fait-elle de gros yeux à son ami lorsqu'il prend place à ses côtés. Louis-Benjamin lui adresse un sourire contrit avant de ranger sa voiture et de mettre sa boîte à lunch sur la table. Il va l'ouvrir quand un cri retentit dans la grande salle.

— **DES YEUUUUUUUUUUUUUUX!** Il y a des yeux dans mon sac! **OUAAAAAAAAAAAAAAH!**

La personne qui vient de crier, debout à sa table, est une élève de quatrième année. Elle se met soudain à pleurer. Du brouhaha s'ensuit.

— **QUOI ?** demande l'un. Elle a trouvé des yeux dans sa boîte à lunch ?

— C'est dégueulasse ! lance un autre.

— À qui sont ces yeux ? demande encore une autre.

Alertés, des surveillants se dirigent vers la table de la victime pour la réconforter et constater les faits. Or, ils ne sont pas au bout de leurs peines, car un autre dîneur, un élève de troisième, tressaute en ouvrant sa boîte, blêmit et hurle avant d'être saisi de nausée : « Une oreille ! Une oreille ! »

Dans la salle, le tumulte gagne en intensité pendant que les surveillants se dirigent vers la table où le second élève vient de faire une horrible découverte. C'est à cet instant qu'Erby, ralenti par ses béquilles, vient rejoindre ses amis. Prévenante, May-Lee l'aide à s'asseoir. Il la remercie.

Autour d'eux, c'est la panique. Les surveillants demandent aux élèves de se taire. Évidemment, il y a tellement de bruit que personne ne les entend. On doit donc fermer et allumer les lumières à plusieurs reprises avant d'obtenir le silence. D'une voix posée, une surveillante prend ensuite la parole :

« Vous êtes en sécurité ici. Personne n'est blessé. L'un de nous est allé avertir le directeur. D'ici là, restez calmes. Je vous le répète, vous êtes en sécurité. »

Quand la surveillante a fini de parler, Erby affirme en ouvrant son sac :

— En tout cas, moi, ça m'en prend pas mal pour m'enlever l'appétit. J'ai tellement faim ce midi que je mangerais… que je mangerais… un nez !

— **Un nez ?** répètent ses amis, incrédules.

— Un nez…

Erby referme son sac. Il n'a soudainement plus faim. Béatrice, rapide comme l'éclair, se tourne vers son voisin :

— Louis-Benjamin, filme et photographie le contenu de la boîte d'Erby ! Ça me prend des images pour le journal !

Puis, revenant à May-Lee, elle ajoute :

— **On la tient, notre une !**

3

MARDI, 7 H 30

La riposte s'organise

PEUR ET DÉGOÛT À L'ÉCOLE DES ÉTOILES SAVANTES

Par **Béatrice Rougeau-Paulin**, groupe 603

Photos : **Louis-Benjamin Beaudin-Provencher**, groupe 601

Chers lecteurs,

Nous avons vécu l'horreur, hier midi, à l'école. En effet, alors que nous

nous apprêtions à manger calmement, des élèves ont eu le malheur de trouver, dans leurs boîtes, des morceaux de corps qui semblaient arrachés à leur propriétaire. Une panique générale s'est ensuivie, comme vous pouvez l'imaginer. Heureusement, l'équipe du journal était là pour vous. C'est ainsi que notre courageux photographe a pu prendre des images de l'un des sacs contenant un nez. Âmes sensibles s'abstenir.

Par la suite, monsieur le directeur est venu dans nos classes pour nous informer que les yeux, l'oreille et le nez trouvés dans les casse-croûte des élèves étaient des faux ! Ces parties de corps étaient simplement des objets en caoutchouc. Des jouets !

La Gazette des étoiles sa
Peur et dégoût à l'école des Étoile
Par Béatrice Rougeau-Paulin, groupe 603
Photos : Louis-Benjamin Bea
Chers
Nous
Par la suite, monsieur le directeur est ve
nous informer que les yeux, l'oreille et l
élèves étaient des faux! Ces parties de
caoutchouc. Des jouets !
Qui a eu l'idée de gâcher le dîner
savantes hier, semant le dégoût
malfaiteurs? Sachez que l'équipe du
lumière sur ce mystère. D'ailleurs, si
cette affaire, nous vous prions de co
seront traité
plus nombre

Qui a eu l'idée de gâcher le dîner des élèves de l'école des Étoiles savantes hier, semant le dégoût et la peur? Quel était le but visé par les malfaiteurs? Sachez que l'équipe du journal mettra tout en œuvre pour faire la lumière sur ce mystère. D'ailleurs, si vous avez des informations au sujet de cette affaire, nous vous prions de communiquer avec notre comité de rédaction. Vos renseignements seront traités en toute confidentialité. Enfin, nous vous invitons à lire, toujours plus nombreux, votre journal préféré, **LA GAZETTE DES ÉTOILES SAVANTES**.

Quand elle a terminé sa lecture, Béatrice replie l'article et le range entre les pages de son cahier de jeux. Un silence suit, rompu par Erby:

— **L'article est super!** Vous avez bien travaillé! As-tu envoyé le dernier numéro de notre journal à la direction de l'école, pour qu'on l'imprime et qu'on le distribue dans toutes les classes?

— Oui, répond fièrement Béatrice.

— Qu'est-ce qu'on fait, maintenant, pour trouver les coupables?

— C'est simple: il faut faire une enquête, répond Béatrice.

— Oui, mais **PAR OÙ** commencer? demande Louis-Benjamin.

—**JE PENSE QUE J'AI UNE IDÉE!** s'exclame May-Lee. On pourrait fonder une agence… une agence secrète.

—Une agence avec des missions, des codes secrets, des déguisements, des gadgets? renchérit Louis Benjamin, intéressé.

—Oui, et de l'action! ajoute Erby en faisant une pirouette avec ses béquilles.

—May-Lee, ton idée est tout simplement **gé-ni-a-le!** s'écrie Béatrice. On fonde une agence… **TOUT DE SUITE!**

— Et… quel nom pourrait-on lui donner ? demande May-Lee, surexcitée.

Béatrice pianote sur son calepin avec son stylo, les yeux rivés vers le ciel. Portant le regard sur son calepin, elle se met ensuite à observer attentivement sa couverture. Sur celle-ci, on voit une silhouette vêtue d'un imperméable et d'un chapeau de détective. Autour du personnage s'envolent, en tourbillons, les lettres de l'alphabet. Saisie par une inspiration, Béatrice regarde ses camarades et s'écrie :

— Je crois que ça y est ! Que diriez-vous… des **4Z** ?

— Les **4Z** ?

— Les **4Z** pour... **LES 4 ZALPHAJUSTICIERS !**

Des exclamations de joie accueillent l'idée de Béatrice. Puis Erby, les pieds en haut et la tête en bas, a une question :

— Dans tous les films d'espionnage, les agences ont... comment dire... des objectifs. Quels seront les nôtres ?

Béatrice ouvre son calepin. Mordillant son stylo, elle réfléchit quelques instants, puis elle annonce à ses amis :

— Nous sommes les **ZALPHAJUSTICIERS.** Nous sommes quatre. Nos missions devraient donc tourner autour des quatre premières lettres de l'alphabet. Tout d'abord, le **« A »**, pour… mmm… **« À L'AFFÛT DE L'ACTION »**. Cela veut dire que les **4Z** sont toujours aux aguets, dans le cas où une situation d'urgence se présenterait. Êtes-vous d'accord avec moi ?

Les amis acquiescent. Pendant qu'elle note le premier objectif de l'agence, Louis-Benjamin se gratte le menton. Soudain, il a une idée :

— **« B »** pour… **« BARRER LA ROUTE AUX MALFAITEURS » !**

Tout le monde étant d'accord, Béatrice rédige ce deuxième objectif. May-Lee lève ensuite la main pour proposer :

— « C » pour « **CAMÉLÉONS PROTECTEURS... DU CITOYEN** ».

Les trois amis échangent un regard. May-Lee hausse les épaules et s'explique :

— Pour accomplir leurs missions, les agents secrets se déguisent de toutes sortes de manières, non ? Ils adoptent aussi plusieurs identités.

— Tu as raison, May-Lee ! approuve Béatrice. C'est noté.

Erby, la tête en haut, cette fois, attend que Béatrice pose son crayon pour prendre la parole :

— Dans les films d'espionnage, les agents secrets sont prêts à se sacrifier pour protéger leur pays. À la lettre **« D »**, j'écrirais donc : **« DÉFIER LES DANGERS, DÉCOUVRIR ET DÉVOILER LA VÉRITÉ ».**

May-Lee et Louis-Benjamin le regardent, impressionnés, pendant que Béatrice s'applique à rédiger la proposition d'Erby. Quand elle a terminé, elle regarde à gauche et à droite avant de poursuivre :

— Bon, nous avons un nom d'agence et des objectifs. Il nous faut maintenant des noms secrets. Nous les utiliserons pour communiquer entre nous pendant nos missions. Moi, par exemple, comme je prends tout en note, je pourrais être en quelque sorte la mémoire des **4Z**. Aussi, si on s'inspire de **l'alphabet grec**, on pourrait m'appeler... **Alpha-Béa**.

En parlant, Béatrice tourne son calepin. Derrière, sur la couverture, il y a un tableau présentant cet alphabet.

Elle tend ensuite son calepin à Louis-Benjamin, qui réfléchit quelques secondes avant de dire :

— Moi, comme je me débrouille bien avec les gadgets et la technologie, je propose de m'en charger dans l'agence. On m'appellerait... euh... **Bêtabidule**. Qu'est-ce que vous en dites ?

— C'est parfait ! répond May-Lee. Moi, vous le savez, j'aime les costumes, les perruques et le maquillage. Je pourrais donc être la spécialiste du camouflage. Pour ce qui est de mon nom, que pensez-vous de... Gamma... Gamma... **Gammascara ?**

— Ce nom te va comme un gant… de caoutchouc ! s'esclaffe Erby. Moi, j'aime l'action, les cascades et les derbys de démolition. Je m'occuperais donc de planifier les missions sur le terrain. Mon nom d'agent secret serait… Delta… **Delta-Derby !**

— Eh bien, tout est en place, fait remarquer Béatrice, alias Alpha-Béa, satisfaite. Nous avons une agence et des agents. Il ne nous reste qu'à élaborer une mission. Acceptez-vous de confondre les malfaiteurs qui ont **TERRORISÉ** les dîneurs, hier, à l'école des Étoiles savantes ? Oui ? Alors, comment appellerons-nous l'opération en cours ?

— Bien, répond Erby, comme cette histoire a commencé durant l'heure du dîner et que l'attaque des malfaiteurs visait nos boîtes à lunch, on pourrait l'appeler **« OPÉRATION CASSE-CROÛTE » !**

Béatrice échange des regards avec les membres de l'agence. Puisque tous semblent d'accord, elle déclare d'un air déterminé :

— **ALORS, PLACE À L'ACTION !**

La cloche du matin retentit, rappelant aux élèves qu'il est l'heure d'entrer en classe.

— On se donne rendez-vous dans la cour à la récréation ? demande Erby.

Tout le monde acquiesce.

—Je vais passer au local du journal avant de vous rejoindre, précise Béatrice. On ne sait jamais. Après avoir lu notre article, peut-être que des élèves nous auront laissé des messages.

—**Bonne idée**, dit May-Lee, alias Gammascara. À tantôt, les **ZALPHAS!**

—À tantôt, répondent les trois autres agents avant de s'engouffrer dans l'école.

4

MARDI, 9 H 55

Dans un coin reculé de la cour, qu'ils rejoignent chaque fois qu'une récréation le permet, May-Lee, Louis-Benjamin et Erby discutent des événements de l'avant-midi. Dans leurs classes, les enseignants ont tenu à revenir sur ce qui s'est produit la veille pendant le dîner. En lisant l'article de **LA GAZETTE DES ÉTOILES SAVANTES** avec les élèves, on les a d'ailleurs encouragés à transmettre aux enseignants, aux surveillants ou à la direction toute information qui pourrait révéler l'identité des auteurs de la mauvaise blague ayant coupé l'appétit à plusieurs et fait vomir un élève de troisième année.

Soudain, Béatrice arrive en courant, un morceau de papier fripé à la main.

— Regardez ce que j'ai trouvé dans le pigeonnier du journal ! lance-t-elle, essoufflée, en leur tendant l'objet.

Les trois amis se penchent au-dessus du morceau de papier :

—Qu'est-ce que ça veut dire? demande Louis-Benjamin en se grattant la tête.

—Nous allons bientôt le savoir, répond May-Lee en fouillant dans son sac.

Elle en sort un miroir de poche tout en expliquant à ses camarades:

— J'ai vu ce truc dans la dernière vidéo d'Irma Hata. Elle pose un miroir à côté d'un message codé et le titre de son nouvel album y apparaît: **La mélodie du danger.**

Pendant qu'elle parle, l'espionne en herbe imite son idole. Les **4Z** lisent alors, ahuris: «Il va y avoir du tintamort»!

— C’est un message de menaces, ça, déclare Erby en se balançant sur ses béquilles.

— C’est quoi, du « tintamort » ? demande Louis-Benjamin.

— C’est du bruit très fort, répond May-Lee en rangeant son miroir.

— Oui. Sauf qu’habituellement on écrit « tintamarre » et non « tintamort », fait remarquer Alpha-Béa, la spécialiste de l’orthographe.

— C’est drôle, rigole Delta-Derby. Des malfaiteurs qui font des fautes de français. Ça ne fait pas sérieux…

— À moins que leur message ait un double sens…, souligne Alpha-Béa, pensive. Comme si on voulait nous annoncer qu'il y aura un tintamarre de la mort.

—Là, ça devient un peu inquiétant, dit Delta-Derby en repensant au nez de caoutchouc avec un frisson.

—En utilisant notre pigeonnier, ajoute Alpha-Béa, l'auteur de ces menaces s'imagine sans doute que nous les publierons dans **LA GAZETTE DES ÉTOILES SAVANTES**.

—Est-ce qu'on devrait le faire? demande vivement Bêtabidule.

—Je pense que oui, répond Delta-Derby. On devrait aussi alerter la direction. C'est peut-être du gros tintamarre qu'on nous prépare, si on se fie à l'épisode d'hier midi.

— **MMM...**, réfléchit tout haut Alpha-Béa, je crois plutôt que nous devrions garder ce message pour nous. Ça forcera son auteur à récidiver. Récidiver, ça veut dire recommencer, pour les criminels. Et s'il nous écrit encore, nous aurons peut-être une chance de le **prendre sur le fait.**

— **C'EST EXCITANT!** s'exclame May-Lee. Notre agence va enfin passer à l'action. Par quoi commence-t-on?

— Je pense qu'on devrait installer une caméra au-dessus du pigeonnier du journal, dit Bêtabidule en baissant le ton. Si notre coupable se présente, nous le prendrons la main dans le sac.

—**EXCELLENTE IDÉE**, Bêtabidule! Et quand comptes-tu le faire? demande Alpha-Béa.

—Ce midi même.

—Alors, bonne chance. Viens nous rejoindre dans la grande salle ensuite.

La cloche retentit, mettant un terme à la réunion des **4Z**. Ceux-ci entrent dans l'école, fortement déterminés à mettre la main au collet du mauvais plaisantin.

5

MOTUS ET DENTS POINTUES

Bloop ! Cling ! Dring !

Bêtabidule

En position pour la mission.

Zzz !

Alpha-Béa

Bonne chance !

Zzz !

Gammascara

Sois prudent !

Zzz !

Delta-Derby

On t'attend pour le lunch !

Dans la grande salle de l'école des Étoiles savantes, en ce mardi midi, tout le monde ne parle que d'un sujet : les casse-croûte macabres. Certains rient jaune et d'autres rigolent franchement en ouvrant leur sac à lunch, tout en se demandant ce qu'ils y trouveront. Néanmoins, tous soupirent de soulagement en découvrant leur repas intact. Après cette première et heureuse constatation, ils abordent avec passion le sujet dont tout le monde parlait avant le fâcheux événement : le spectacle des élèves qui se tiendra ce vendredi 13, en soirée.

D'ailleurs, dans les corridors de l'école et sur les murs de la grande salle, on a collé des affiches colorées sur lesquelles on peut lire :

C'est dans trois jours!

N'OUBLIEZ PAS !

Avis aux concurrents
du super spectacle de

L'ÉCOLE DES ÉTOILES SAVANTES :

Il y aura une répétition
demain à l'atrium.

Soyez-y dès midi.

C'est dans trois jours!
N'oubliez pas!
Avis aux concurrents du
super spectacle de
l'école des Étoiles savantes :
Il y aura une répétition
demain à l'atrium.
Soyez-y dès midi.

May-Lee regarde l'affiche installée au-dessus du four à micro-ondes. Son cœur bat la chamade quand elle pense qu'elle montera sur scène vendredi pour chanter le plus grand succès d'Irma Hata. Tout en regardant son assiette tourner dans le four, May-Lee songe que l'agence secrète qu'elle vient de former avec ses amis la rapproche encore un peu plus de son idole. Elle considère ce hasard comme un signe positif en ce qui concerne sa carrière de chanteuse. Mais elle voit aussi d'un bon œil le fait que la soirée se déroulera un **VENDREDI 13**, soir de **PLEINE LUNE!** C'est comme si les astres étaient en train de s'aligner pour elle. Lorsqu'elle montera sur scène vendredi pour chanter *Chanteuse espionne*, elle aura l'impression, elle, May-Lee, alias Gammascara, de marcher dans les pas de l'unique Irma.

Biiiip ! Biiiip ! Biiiip ! Biiiip ! Biiiip !

La tête dans les étoiles, May-Lee sursaute quand la sonnerie du four se fait entendre. Sans perdre une seconde, elle ouvre la porte, sort son assiette, referme la porte et marche jusqu'à la table où mangent déjà Béatrice et Erby. Préoccupée par le message inquiétant reçu à la récréation, Béatrice mange son sandwich au jambon du bout des lèvres. Erby, quant à lui, engouffre de gigantesques cuillérées de ragoût de boulettes. Lorsque May-Lee lui fait remarquer qu'il a un gros appétit, il éclate de rire bruyamment avant de répondre :

— Il faut bien nourrir mes muscles ! Ils pourraient être utiles aux Zalphas !

— **CHUT !** Tu pourrais attirer l'attention ! lui souffle Béatrice en fronçant les sourcils.

— Tiens, voilà Benjamin ! s'exclame May-Lee en piquant un pois chiche avec sa fourchette. Quoi de neuf ?

— Objectif atteint, dit-il en déposant sa boîte à lunch sur la table.

Il se rapproche de ses camarades, puis il ajoute, en chuchotant :

— J'ai même pensé à doter ma caméra d'une alarme. Comme ça, si quelqu'un ouvre le pigeonnier, mon système fera sonner mon téléphone (pour rester discret, je l'ai mis en mode vibration). Nous saurons de cette façon que quelqu'un est passé et nous n'aurons qu'à regarder les images et à découvrir qui nous envoie des messages. **Pas bête, hein ?**

Ses trois camarades hochent la tête, admiratifs. Content de sa réalisation, Louis-Benjamin ouvre sa boîte et en sort une bouteille de limonade. Il en boit une longue gorgée, puis il sort un sous-marin, le déballe et en prend une bouchée.

Soudain, le téléphone de Louis-Benjamin, alias Bêtabidule, se met à vibrer dans sa poche.

— **OH, OH !** dit-il la bouche pleine, en troquant son sous-marin pour son cellulaire. Un chuchepect a choulevé la porte du pigeonnier. Voulez-vous chavoir qui ch'est ?

En guise de réponse, ses trois amis s'étirent au-dessus de l'écran du téléphone. Bêtabidule appuie sur une icône. Les quatre apprentis justiciers voient alors…

— **FAUSSE ALERTE,** déclare Alpha-Béa, déçue. C'est Rose St-Amour, rédactrice du courrier du cœur.

Elle doit être venue porter du matériel en lien avec sa chronique.

Les Zalphas soupirent. Bêtabidule hausse les épaules et range le téléphone dans sa poche. May-Lee offre une tournée de bananes plantains frites. Bêtabidule en prend une, la croque et tressaute en sentant son téléphone vibrer à nouveau. Il le ressort, fait bouger ses doigts sur l'écran et affiche la nouvelle vidéo.

— Cette fois, on te tient, vaurien ! dit Delta-Derby entre ses dents, à la façon des héros dans les films d'action.

— Bien non, lâche Gammascara en découvrant les images, c'est Kateri Belhumeur-Sanschagrin, la nouvelle caricaturiste du journal. Elle nous apporte sans doute des croquis…

Bêtabidule, les nerfs à vif, dépose son téléphone sur la table. Il ouvre un petit contenant de compote aux bleuets. Il en prend une cuillérée qu'il savoure avec des soupirs et des grognements (il adore les petits fruits). Pendant une, deux, trois secondes, c'est l'extase. La vibration de son téléphone, sur la table, met fin à sa dégustation.

Aussitôt, il le saisit et appuie sur l'icône lui permettant d'accéder à sa caméra. Ce que les **4Z** voient alors est stupéfiant : une personne se tient devant la caméra. Il est impossible de déterminer son sexe et son âge parce qu'elle porte une cagoule noire avec un capuchon. Celui-ci recouvre sa chevelure, et son visage est dissimulé derrière un loup. Noir lui aussi. Le mystérieux individu lève la main et dépose une enveloppe dans le pigeonnier. C'est alors que la vidéo, aussi étrange qu'inquiétante, **TOURNE À L'HORREUR**. En effet, la main que l'inconnu tend pour mettre l'enveloppe dans le pigeonnier est poilue comme celle d'un animal et pourvue de griffes acérées.

— Ben voyons donc, souffle Alpha-Béa, je n'ai jamais vu personne ici avec de telles mains.

— Visiblement, on a affaire à un mutant ou à un **CRiMiNEL**

EXTRÊMEMENT POILU, rétorque Gammascara en hochant gravement la tête. Il doit être **vraiment dangereux** avec ses griffes. **OUCH !**

Bêtabidule ramène la vidéo à son point de départ et observe encore la scène, bouche bée.

— **EUH...** Bêtabidule, t'as de la compote autour de la bouche, fait remarquer Delta-Derby en lui tendant une serviette de table.

Bêtabidule prend la serviette qu'on lui tend et s'essuie la bouche en silence. Obstiné, il ramène encore une fois la vidéo à son point de départ.

— À force de la visionner, nous finirons par trouver un détail qui nous mènera sur une piste, déclare-t-il.

— Oui, en attendant, dit Alpha-Béa en se levant, j'aimerais bien voir le message qu'on nous a laissé au journal... Quelqu'un m'accompagne ?

— Moi, je vais rester tranquille, répond Delta-Derby. Ma cheville me fait mal, ce midi.

— Est-ce que tu aurais peur des monstres poilus, par hasard ? demande Gammascara, moqueuse.

— Non, là... **PFFFF...**, rétorque son compagnon en rougissant.

Alpha-Béa coupe court au malaise qui est en train de s'installer en faisant un signe de la tête à Gammascara :

— Viens avec moi. Les garçons s'occuperont de la vidéo. On se rejoint dans la cour ?

Les garçons étant d'accord, les filles sortent dès que les surveillants donnent aux élèves l'autorisation de quitter la grande salle.

Dans le corridor, Alpha-Béa et Gammascara sourient comme si de rien n'était, pour donner le change.

— C'est comme ça qu'elle fait, Irma Hata, dans ses vidéos, explique Gammascara. Elle sourit et elle fait semblant que tout va bien. Son sourire est un masque qui cache sa vraie identité.

Quand elles arrivent au pigeonnier, le cœur des deux agentes bat la chamade. Qu'y trouveront-elles, cette fois ? Alpha-Béa sort la clé du pigeonnier de la poche de son pantalon, puis l'insère dans la serrure. Malgré elle, elle cherche du regard la caméra cachée de Bêtabidule. Comme si elle avait pensé à la même chose, Gammascara envoie la main au pigeonnier en riant nerveusement. Alpha-Béa l'arrête en chuchotant :

— Reste discrète, veux-tu ?

— **QUOI ?** Les caméras me donnent **LE TRAC !**

Alpha-Béa ouvre la porte du pigeonnier. Repensant, avec un frémissement, à la main poilue et griffue qu'elle a vue sur l'écran, elle jette d'abord un œil à l'intérieur pour s'assurer qu'aucune horrible surprise ne s'y cache, comme une vipère, un scorpion ou des tarentules… Puisque ce n'est pas le cas, elle tend prudemment la main et prend tous les documents qui s'y trouvent. Elle se hâte ensuite de refermer.

— **MONTRE, VITE !** la presse Gammascara.

— **DU CALME.** Nous allons l'ouvrir ensemble.

— Tu as raison. Inspire… Expire… Inspire… Expire…

En s'efforçant de ne pas courir, les filles vont rejoindre les garçons dehors à l'endroit habituel. En les entendant arriver, Delta-Derby et Bêtabidule lèvent leur tête du cellulaire. Alpha-Béa et Gammascara prennent place à la table à pique-nique. La rédactrice en chef du journal commence aussitôt à faire le tri parmi les documents reçus. Elle trouve rapidement l'enveloppe déposée par l'inconnu masqué.

— À première vue, dit Bêtabidule en filmant l'objet, c'est une grande enveloppe jaune identifiée au nom de l'école des Étoiles savantes. À en juger par son état (elle est sale et toute fripée), on peut en déduire qu'il s'agit d'une enveloppe récupérée. Lorsqu'on la retourne, on aperçoit… des taches rouges séchées. Est-ce que c'est du sang ? L'enveloppe est fermée à l'aide d'une large bande de ruban adhésif. Ouvrons-la.

Delta-Derby, qui suit la scène avec attention, et qui a rarement eu aussi chaud de toute sa vie, soulève l'une de ses béquilles, comme s'il se préparait à assommer un intrus.

— Fais attention avec ta béquille, l'avertit Gammascara. Tu pourrais aplatir l'enveloppe… et nous avec !

Delta-Derby baisse sa béquille en souriant nerveusement. Alpha-Béa, quant à elle, prend une grande respiration et entreprend d'ouvrir l'enveloppe. Constatant qu'elle éprouve des difficultés, Gammascara sort une lime à ongles métallique de son sac.

— Tiens, dit-elle, tu pourrais l'utiliser comme un coupe-papier.

— Tu as toujours l'objet qu'il faut au bon moment, observe Delta-Derby en regardant son amie avec admiration. Ton sac est une **VRAIE** trousse d'espionnage.

Gammascara lui sourit, contente du compliment. Alpha-Béa lui remet sa lime aussitôt après avoir ouvert l'enveloppe. Elle en tire une feuille, fripée comme l'enveloppe et sale, sur laquelle on peut lire un message écrit avec des lettres découpées dans le journal :

Chère Béatrice la rédactrice,

Nous savons que tu aimes les devinettes. Alors, en voici une :

Je hurle à la lune quand
elle est pleine

Je cours dans la forêt à en
perdre haleine

Attention, fille aux yeux d'or

Ma morsure pourrait te donner
la mort

Qui suis-je ?

Suivent des lettres, collées avec de minuscules boules de gommette, à remettre en ordre: **C-U-E-T-H-O-L-R-A-N-O-P.**»

Alpha-Béa pose la lettre devant elle, soufflée.

—T'as pas des yeux d'or, fait aussitôt remarquer Delta-Derby. Ils sont bleus.

—Heureusement, réplique Alpha-Béa. Je me sens un peu moins concernée par **LA MENACE DE LA «MORSURE»**.

—C'est tout de même bien écrit, remarque Gammascara en prenant la lettre. La devinette est tout en rimes, comme un poème.

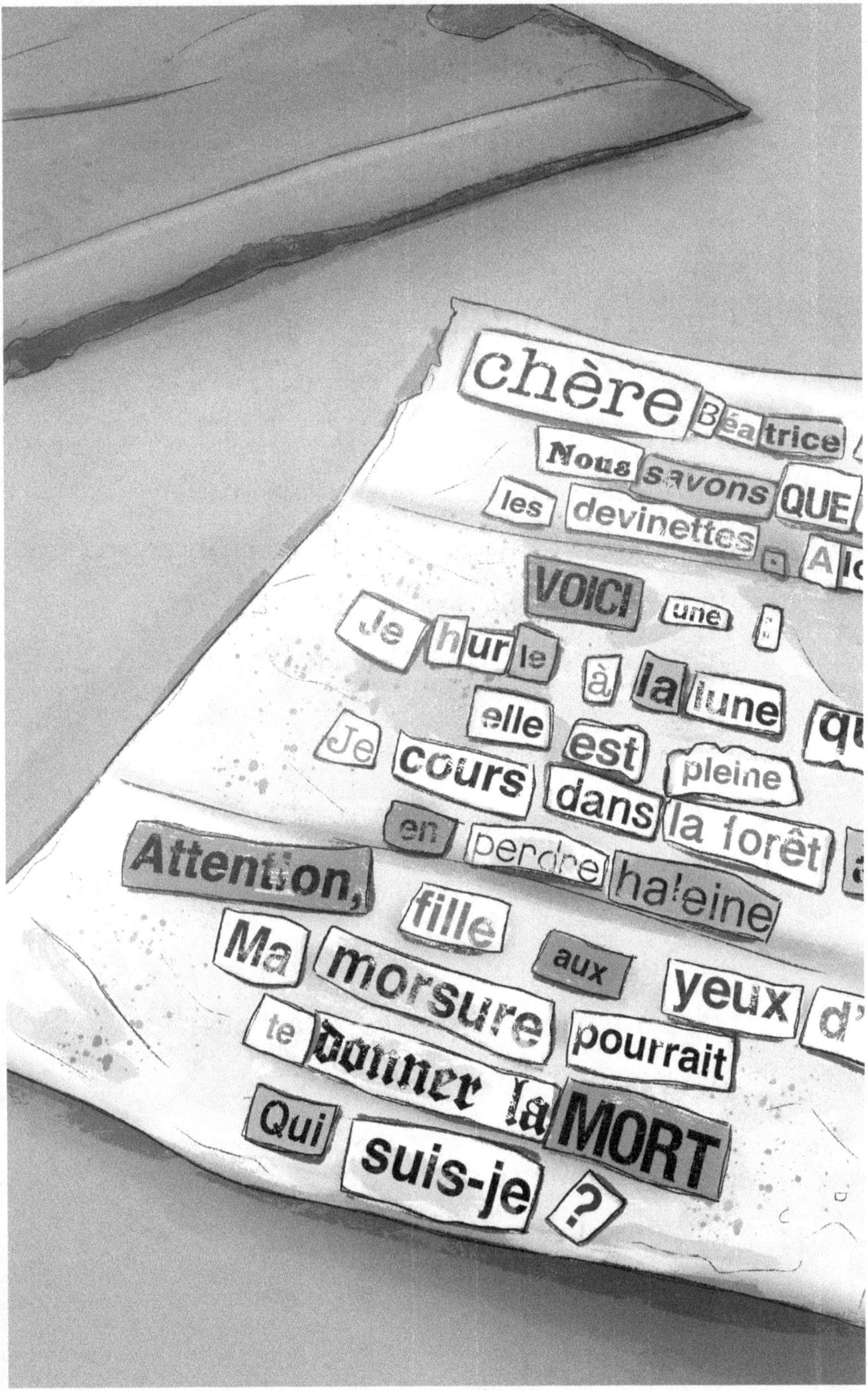
chère Béatrice
Nous savons QUE
les devinettes.
VOICI une
Je hurle à la lune
elle est pleine
Je cours dans la forêt
en perdre haleine
Attention, fille aux yeux
Ma morsure pourrait
te donner la MORT
Qui suis-je ?

—Donne-la-moi, demande Bêtabidule. Je vais la photographier.

Quand Bêtabidule en a terminé avec cette «**PIÈCE À CONVICTION**», comme la nomme Alpha-Béa, les Zalphajusticiers se mettent à étudier les lettres fournies par la personne inconnue qu'ils surnomment désormais tous «**LA MAIN POILUE**»:

—La réponse à la devinette est simple, il s'agit d'un loup-garou, dit Delta-Derby, fier de lui.

—Oui, sauf que ta réponse ne correspond pas aux lettres attachées au message, se désole Gammascara.

—Est-ce que ce mot a un synonyme? demande Bêtabidule.

— Lycanthrope, répond Alpha-Béa en décollant les lettres puis en tentant de les remettre dans l'ordre. J'ai tout ce qu'il faut pour écrire ce mot. Mais il me manque un « **Y** » et j'ai deux voyelles en trop : un « **O** » et un « **U** ».

— Ce qui fait « **LOUCANTHROPE** ». Pouah ! La main poilue a encore commis une erreur, ricane Delta-Derby.

— Ou plutôt... Lou Canthrope, affirme Alpha-Béa en collant la dernière lettre. C'est son nom ! Il veut qu'on l'appelle ainsi !

— On a donc affaire à un loup-garou, réfléchit Bêtabidule. Ce qui expliquerait le sang sur l'enveloppe, les hurlements et la morsure de la devinette...

— La main poilue aux longues griffes, ajoute Gammascara en se limant les ongles.

— Les morceaux de corps « *déchi-quetés* » et cachés dans les boîtes des élèves, rappelle Delta-Derby avec un frisson d'horreur.

— Et, finalement, le **« TINTAMORT »**, conclut Alpha-Béa, pensive. Si on résume la situation, on a un loup-garou qui dit s'appeler Lou Canthrope, qui menace de nous faire entendre ses cris, de nous mordre et de nous… manger… bientôt !

Les **ZALPHAJUSTICIERS** échangent des regards consternés. Pendant que Bêtabidule agrandit l'image de Lou

Canthrope pour mieux l'étudier, Delta-Derby demande, inquiet :

— D'après vous, le loup compte nous mordre et nous manger… quand ?

— Si on se fie à la devinette, dit Gammascara en appliquant du vernis à ongles noir sur son annulaire droit, comme Irma Hata, il devrait se manifester à la pleine lune…

— La pleine lune tombe justement ce vendredi ! s'écrie Alpha-Béa.

— Ne me dites pas qu'il compte agir le soir du spectacle ! s'exclame à son tour May-Lee.

— C'est fort possible, pense tout haut Delta-Derby. Tout le monde sera réuni, à sa merci et là, **GRRRR!** il va se transformer et nous réduire en bouillie. Il faut que mon pied guérisse au plus vite si je veux courir pour lui échapper…

—Tu ne courras pas, cher Delta-Derby, réplique Alpha-Béa en remettant la lettre dans son enveloppe, car tu seras en mission… sur le terrain. Tu fais partie des **ZALPHAJUSTICIERS** et tu vas nous aider à accomplir notre plan jusqu'à la lettre **D**.

—Il ne faudrait pas oublier le **C**, dit Gammascara en collant un similirubis sur son ongle verni. J'ai vraiment hâte qu'on s'y mette!

— Chaque chose en son temps, dit Alpha-Béa. Mais pour en revenir au **B**, nous allons tenter de barrer la route à Lou Canthrope en découvrant sa véritable identité. Pour cela, cet après-midi, nous allons chercher dans nos classes tous les indices qui pourraient nous mener sur la piste du loup. D'accord ?

— D'accord, répondent en chœur les trois autres espions.

La cloche retentit, annonçant la fin du dîner.

Décidés à ramener l'ordre à l'école des Étoiles savantes, les **4Z** retournent à leurs classes en ouvrant l'œil et en tendant l'oreille.

6

SUR LES TRACES DU MÉCHANT LOU

Groupe 601

Bêtabidule entre dans sa classe en affectant un air décontracté. Comme madame Lise, son enseignante, a prévu une période à la bibliothèque, il place dans son sac sa carte d'identité et les livres qu'il doit rendre aujourd'hui. Il gagne ensuite son rang en silence.

Quand tout le monde est prêt, madame Lise ouvre la porte de la classe et les élèves la suivent jusqu'à la bibliothèque de l'école. Lorsqu'ils y sont, l'enseignante s'installe à l'ordinateur et enregistre tous les livres que les élèves lui rapportent. Au bout de la file parce qu'il est le plus grand de sa classe, Bêtabidule assiste donc à tous les retours. Les bras pleins de livres, il réfléchit aux événements qui se bousculent depuis hier. « D'après le nom que le suspect se donne, ce doit être un garçon, songe-t-il. Et si on se fie à sa taille, selon ce qu'on a pu voir à la caméra, le fameux Lou doit être un élève de cinquième ou de sixième année. Dans quel groupe se trouve-t-il ? Qui est-il ? Où est sa tanière ? »

L'agent est tiré de ses réflexions quand un élève, Pierre-Olivier Lamartine-Dumouchel, annonce à madame Lise qu'il a oublié l'un de ses livres à la maison.

— Lequel ? demande l'enseignante.

L'élève, gêné, balbutie le titre du livre oublié.

— Pardon ? dit madame Lise, qui n'a pas bien saisi.

— *Le loup-garou de Villeray.*

Bêtabidule, aux aguets, jette discrètement un œil aux livres que Pierre-Olivier Lamartine-Dumouchel a déposés sur le comptoir : *Le loup, mythes et histoires de grand-mères, Ce que mangent les loups-garous en hiver* et, pour finir, une bande dessinée intitulée *Au loup ! C'est la pleine luuuuune !*

« Assurément, on tient un suspect », pense Bêtabidule, victorieux.

★👓★

Groupe 602

À son bureau, Gammascara s'applique à terminer un travail de français. Il s'agit pour elle et les autres élèves de sa classe de présenter une personne importante pour eux. Évidemment, Gammascara a décidé de présenter sa chanteuse préférée : **IRMA HATA.** Elle a même dessiné son portrait, qu'elle a agrémenté d'un poème.

Irma Hata

Irma Hata a plus d'une identité.

Cette chanteuse espionne voyage
à travers le monde entier.

Dans la lumière des projecteurs,

Elle offre sa voix et son cœur.

Mais jamais on ne connaîtra
son vrai nom.

Au moment de le dire, elle repart
toujours en mission.

Quand elle a fini de colorier le portrait, Gammascara, satisfaite, range ses crayons dans son coffre et va remettre son texte à son professeur. Ensuite, comme elle a le loisir de faire un travail libre, elle sort son cahier de musique pour réviser la chanson qu'elle présentera vendredi. Elle va l'ouvrir quand il lui prend l'envie de se regarder dans son miroir de poche pour voir si son mascara Noir Mystère tient toujours. Il s'agit bien sûr de celui dont Irma Hata, avec sa voix de velours, vante les mérites à la télévision.

Noir Mystère. Pour des yeux au charme secret.

« Effectivement, se dit Gammascara, en admirant ses cils d'un noir de jais, d'une longueur démesurée. Ce produit crée un bel effet. Mais qu'est-ce… ? »

Dans le miroir, Gammascara, ébahie, observe le reflet d'un élève assis au fond de la classe : Laurent Junior Rompré. À son arrivée à l'école ce matin, comme à son habitude, ce dernier portait un t-shirt blanc avec un imprimé aux couleurs de l'école des Étoiles savantes. Or, cet après-midi, il porte un tout nouveau chandail. Sur celui-ci, par le plus étrange des hasards, il y a une face de loup !

Groupe 603

En plein cours d'arts plastiques, Alpha-Béa ramasse des chutes de papier de bricolage sur son bureau, se lève et se rend jusqu'au panier de recyclage à l'avant de la classe. Au moment de déposer ses retailles dans le panier, elle aperçoit plusieurs feuilles de papier journal fripé. Son cœur se met alors à palpiter. Lou Canthrope se trouve assurément dans son groupe! « Comment l'identifier? » se demande-t-elle en épiant les élèves de sa classe.

Tout à coup, elle a une idée. Elle se penche, ramasse les boules de papier journal et retourne à sa place. Feignant d'avoir besoin de ce type de papier pour terminer son œuvre, un collage illustrant en images et en mots une chanson qui a bercé sa petite enfance, ainsi que l'a demandé son enseignante, elle défripe les feuilles. Elle découvre à cet instant, avec un sursaut, que des mots et des lettres y ont déjà été découpés. Cette révélation surprenante lui apporte la certitude que le suspect numéro un de **L'OPÉRATION CASSE-CROÛTE** se trouve dans sa classe.

Une question jaillit alors dans son esprit : **COMMENT LE TROUVER ?**

Elle n'a pas à chercher longtemps, puisqu'à un moment donné madame Nathalie demande à ses élèves d'apporter leur travail sur son bureau. Elle les affiche aussitôt en les commentant :

— Méraly Lapointe-Dubé a été marquée par *Au clair de la lune,* Suzie Closvert, par *À la claire fontaine…* Olivier Larivière-Laforêt, par *Promenons-nous dans les bois…*

Puis, avec toute la classe, elle se met à chanter cette ritournelle pour le moins inquiétante :

Promenons-nous dans les bois

Pendant que le loup n'y est pas

Si le loup y était, il nous mangerait…

Déjà abasourdie d'entendre cette chanson après avoir trouvé les boulettes de papier dans le panier de recyclage, Alpha-Béa plonge dans la stupéfaction la plus totale quand elle découvre que Larivière-Laforêt a justement utilisé du papier journal pour écrire le texte, sous son illustration d'un loup aux crocs démesurés. Or, une troisième preuve s'ajoute aux autres quand madame Nathalie fait remarquer, amusée, qu'Olivier a légèrement changé les paroles de la chanson.

— Si vous observez bien son œuvre, vous lirez donc, dit-elle :

Promenez-vous
dans les bois

Pendant que le loup
n'y est pas

Si le loup y était,
il vous mangerait...

Soudain, Alpha-Béa se sent transie. Incapable de faire autrement, elle se tourne vers celui qu'elle croit être Lou Canthrope. Olivier Larivière-Laforêt lui adresse alors un sourire qu'elle qualifierait de carnassier.

Groupe 604

Assis à sa place, Erby savoure de doux moments. En effet, c'est cet après-midi que commencent les présentations orales des élèves, qui, selon la consigne de monsieur Yves, ont eu à écrire un texte intitulé « Mon animal préféré ». C'est un tirage au sort qui a déterminé les élèves qui auront à présenter leur travail à la classe en premier. Heureusement pour lui, le nom d'Erby n'a pas été pigé. Ce dernier, qui déteste s'exprimer oralement en public, espère d'ailleurs que son tour ne viendra qu'en tout dernier. Pour l'instant, il peut souffler un peu et il en profite. Pendant que monsieur Yves nomme les élèves et leur indique l'ordre de leur présentation, Erby laisse vagabonder son esprit. Il songe à tous ces événements qui sont venus chambouler la vie de l'école depuis quelques jours. Il pense au danger qui règne sur les élèves, sans qu'ils le sachent. « Comment les **ZALPHAJUSTICIERS** mettront-ils leur **ABCD** en œuvre ? » se demande-t-il.

Alors que Delta-Derby s'interroge sur ses propres capacités à se « faire caméléon pour protéger le citoyen », trois élèves, à tour de rôle, présentent leur animal préféré aux membres de leur groupe. D'abord, Liam Boulanger-Bourget parle de sa passion pour le panda. Ensuite, Mélynda Chartier évoque son amour pour le cochon d'Inde. Carl-Stéphane Longpré présente ensuite Bouffon, le chihuahua qu'il adore et qu'il a reçu en cadeau le jour de son cinquième anniversaire.

Puis, alors qu'Erby commence à somnoler, Rodrigue St-Sauveur se rend à son tour à l'avant de la classe. Quand il commence à parler, Erby se réveille d'un seul coup. En effet, l'animal préféré de cet élève est... le loup! «J'aime tellement le loup, dit-il, que je voudrais en devenir un. J'aimerais hurler comme lui, vivre la nuit et... chasser pour me nourrir!»

Pour les besoins de l'enquête des **4Z**, Erby devrait tendre l'oreille aux propos de Rodrigue St-Sauveur, mais il n'écoute plus rien. Les cheveux dressés sur la tête, il imagine l'élève portant un masque, en train de déposer un nez en caoutchouc maculé de sang synthétique dans sa boîte à lunch. Il le voit ensuite écrire des mots à l'envers puis découper du papier journal pour faire des devinettes macabres adressées à la rédaction du journal. « C'est lui qu'on recherche, j'en suis certain. Il faut l'arrêter au plus vite. »

Rodrigue St-Sauveur revient à sa place, juste à côté d'Erby.

— Comment m'as-tu trouvé ? demande-t-il à son voisin, fier de lui.

— Tu t'en es bien tiré jusqu'à maintenant, lui répond Erby spontanément. Mais fais attention de ne pas te prendre la patte dans un piège.

Rodrigue recule comme si Erby l'avait poussé. Il regarde son voisin pendant quelques secondes, interdit. Il ouvre la bouche pour lui répondre tandis que la cloche annonçant la fin des classes met un terme à leur entretien. Souhaitant de toute évidence battre en retraite, Rodrigue quitte le local rapidement. Erby, ralenti par ses béquilles, préfère attendre d'être seul pour s'engager dans le corridor.

Dehors, il rejoint ses camarades à l'endroit qui est devenu leur quartier général. Autour de la table à pique-nique, les 4Z sont enflammés. C'est avec beaucoup d'émotion qu'ils informent les uns et les autres des événements qu'ils ont vécus et des révélations qu'ils ont eues au cours de l'après-midi. Alpha-Béa, stylo en main, prend des notes. Tant et si bien que dans son calepin, sous l'ABCD des 4Z, on peut lire :

Pierre-Olivier Lamartine-Dumouchel

Laurent Junior Rompré

Olivier Larivière-Laforêt

Rodrigue St-Sauveur

—Nous avons quatre suspects, annonce-t-elle gravement aux membres de l'agence.

—Qui d'entre eux est le loup que nous cherchons ? demande

Bêtabidule en tapant des doigts sur son téléphone.

— Ils forment peut-être une meute, suggère Gammascara.

— Ce qui expliquerait leur facilité à accomplir leurs méfaits, pense tout haut Delta-Derby. **ARRRRRGH !** Si vous aviez vu Rodrigue St-Sauveur me demandant comment j'avais trouvé sa présentation. **PFFFF !** Chose certaine, qu'il soit seul ou non, le loup avait l'air de beaucoup s'amuser cet après-midi.

Les quatre amis échangent des regards silencieux. Puis Delta-Derby demande :

— Qu'est-ce qu'on fait, maintenant ?

— Je pense qu'il serait temps de prendre nos suspects en « **filature** », répond Alpha-Béa.

Devant l'air ébaubi de ses amis, elle s'explique :

— J'ai appris ce terme en faisant une petite recherche, dans le dictionnaire. Si on veut être de bons agents secrets, il faut en apprendre le vocabulaire. Donc, prendre en filature, c'est suivre quelqu'un, l'espionner. On finira bien par savoir qui est Lou Canthrope et s'il a une meute, comme tu l'as dit, Gammascara.

— D'accord. Soyons attentifs, répond Delta-Derby. Dès que nous saurons à qui nous avons affaire, nous poserons des pièges !

— Oui, **BONNE IDÉE.** Sauf que moi, ce soir, je dois me préparer pour la répétition de demain. Aussi, je veux finir mon costume et terminer ma chorégraphie.

— Mmm… moi aussi, j'ai des devoirs par-dessus la tête, ajoute Bêtabidule.

— Et puis moi, je garde chez les voisins, renchérit Alpha-Béa. On se reverra donc demain matin. Est-ce que vous avez autre chose à ajouter ?

Aucun **Z** ne se manifestant, Alpha-Béa met fin à la rencontre. Les quatre justiciers se séparent ensuite en se saluant et rentrent tous chacun chez soi.

7

SURSAUTS ET REBONDISSEMENTS

En ce mercredi matin, les **ZALPHA-JUSTICIERS** ne se rencontrent pas avant d'entrer en classe. En effet, Delta-Derby s'est levé en retard, ce qui fait qu'il arrive à l'école des Étoiles savantes juste au moment où la cloche sonne le début des cours. Gammascara, entièrement concentrée depuis l'aube sur les derniers ajustements de son costume, est partie en catastrophe de la maison, se présentant donc de justesse dans sa classe. Bêtabidule, quant à lui, est tout simplement absent, car il a un rendez-vous chez le dentiste pour un nettoyage. Sa mère ayant oublié de le lui dire, cela a donc été pour lui une surprise au réveil. Bref, à 7 h 45, Alpha-Béa est seule au quartier général des **4Z**, avec son calepin et son stylo.

Impatiente de revoir ses amis et d'établir enfin un plan d'action pour mettre Lou Canthrope et ses possibles complices en déroute, Alpha-Béa tape du pied et regarde sa montre toutes les minutes. Au fil du temps, son impatience passe à l'irritation puis à l'inquiétude quand la cloche retentit sans qu'elle ait vu aucun des membres de l'agence et sans qu'aucun d'entre eux lui ait envoyé de message. « Voyons, qu'est-ce qui se passe ? se demande-t-elle. Ont-ils été capturés par le gros méchant loup-garou ? »

C'est donc sans grand enthousiasme qu'elle se rend à ses cours. Comme à son habitude, elle passe devant le pigeonnier du journal étudiant afin de prendre le courrier. Tout en regardant la caméra et en adressant un clin d'œil à Bêtabidule – qui doit la voir où qu'il soit, s'imagine-t-elle –, elle ouvre la petite porte à l'aide de sa clé. C'est alors qu'elle met la main sur une enveloppe jaune, du genre dont on se sert pour envoyer des colis. Sur l'enveloppe souillée d'une matière cramoisie – probablement du sang séché, pense Alpha-Béa avec dégoût tout en regrettant de ne pas avoir de gants en caoutchouc –, elle lit une inscription en lettres gothiques et à l'encre noire: «À Béatrice, Gazette des étoiles savantes, de Lou Canthrope».

Stupeur! Son excitation prenant le pas sur la prudence, Alpha-Béa tourne l'enveloppe du côté de la caméra. Elle veut la montrer à son collègue, qui, elle le sait, est en ce moment même derrière l'objectif. Elle compte jusqu'à trois, lentement, pour lui donner la chance d'y lire l'adresse, puis elle retourne l'enveloppe, la glisse dans son sac et se hâte d'entrer en classe. Elle y parvient une seconde avant que ne retentisse la deuxième cloche.

Pendant ce temps, Louis-Benjamin est étendu sur une chaise, dans le cabinet de son dentiste. « Ouvre grand la bouche, jeune homme », lui demande l'hygiéniste, avec, à la main, un instrument ressemblant fort à un pistolet à eau.

Louis-Benjamin fait ce qu'on lui demande. L'hygiéniste appuie alors sur le bouton de son instrument et s'apprête à rincer la bouche de son client quand le téléphone de l'adolescent vibre dans la poche arrière de son pantalon. Alerté, l'apprenti justicier sursaute. L'hygiéniste, tressautant à son tour, arrose copieusement son client au visage. Louis-Benjamin, surpris par le jet glacé, pousse un cri en levant les bras, renversant au passage le plateau contenant les instruments de l'hygiéniste avant de s'accrocher la manche dans la poignée de la lampe qui se trouve au-dessus de sa tête. En tirant sur ladite poignée pour en décrocher sa manche, le garçon, d'un geste brusque, attire vers lui la lampe et s'assomme. Lorsque le dentiste et les autres hygiénistes, alarmés, surgissent dans le cabinet, ils y trouvent, outre un désordre inextricable, l'hygiéniste étendue sur le dos, coincée entre son siège à roulettes et le meuble sur lequel se trouve l'ordinateur de la clinique, qui montre en gros plan la dentition de Louis-Benjamin. Ce dernier, dont le téléphone vibre toujours, a une grosse bosse au milieu du front.

Drrrrrring !

Cling ! Zzz ! Dring !

Alpha-Béa

Coucou ! Où êtes-vous ?

Bloop !

Bêtabidule

J'arrive !

Bloop !

Gammascara

On est au repaire !

Bloop !

Delta-Derby

On t'attend !

Dès qu'elle le peut, Alpha-Béa se rue au fond de la cour, au repaire des 4Z. Elle y trouve effectivement Delta-Derby et Gammascara, déjà attablés. «Quoi de neuf?» demandent-ils d'emblée à leur amie. Elle sort la lettre de son sac. Elle va la montrer à ses collaborateurs quand elle est interrompue par un sifflement de Delta-Derby, qui regarde un point derrière son épaule. Elle se tourne pour voir de qui ou de quoi il est question. Elle voit alors arriver Bêtabidule, un gros pansement autour de la tête.

—Le bandage, c'est juste pour faire tenir un sac glacé sur mon front, explique-t-il à ses amis, impressionnés. C'est qu'il m'est arrivé un petit accident chez le dentiste. Alpha-Béa, veux-tu nous montrer ce qui a tout déclenché ?

— Donc, tu l'as vue ?

— Oui, je viens tout juste...

En parlant, Bêtabidule montre son téléphone aux **Z**. Alpha-Béa exhibe alors la nouvelle pièce à conviction en demandant à son ami :

— Tu as les images me montrant en train d'ouvrir le pigeonnier pour prendre cette enveloppe. Mais as-tu les images de la personne qui a déposé cette enveloppe à notre attention ?

Gêné, Bêtabidule fait non de la tête. Ce mouvement lui arrache une grimace de douleur.

— Non, je n'ai pas les images. La pile de mon téléphone était complètement à plat à la fin des classes, hier. J'ai donc branché mon téléphone en revenant à la maison. Je n'ai repris mon appareil que ce matin, avant de partir chez le dentiste.

Les **ZALPHAS** soupirent de dépit en écoutant le récit de Bêtabidule.

— À l'avenir, il faudra être plus prévoyant, remarque Alpha-Béa, si on veut épingler Lou Canthrope et sa meute. Bon, maintenant, voyons ce que contient cette enveloppe.

Enfilant une paire de gants qu'elle a subtilisés dans l'armoire où son enseignante range le matériel d'arts plastiques, l'apprentie espionne se met à tirer sur le rabat de l'enveloppe. Mais ce dernier est si bien collé qu'il résiste. Tous se tournent alors du côté de Gammascara, qui a dans son sac ce qu'il faut pour mener à bien cette tâche : une paire de ciseaux à manucure.

Alpha-Béa ouvre l'enveloppe. Ce qu'elle y voit lui soulève le cœur, de même qu'à ses collègues. En effet, l'enveloppe déborde d'une substance rouge et visqueuse. **« C'EST RIEN QUE DU KETCHUP »,** fait remarquer Gammascara, qui a repris son sang-froid la première et a osé renifler la matière. À moitié soulagée, Alpha-Béa écarte les deux côtés de l'enveloppe.

Elle y fait alors une découverte pour le moins étonnante.

Du bout des doigts, elle en sort en effet une feuille maculée de ketchup. La feuille est pliée en quatre. Alpha-Béa n'a donc d'autre choix que de la déplier pour l'examiner. Pendant qu'elle s'exécute, les autres reculent, comme si un monstre allait en sortir.

— Regardez ! dit-elle en exhibant la feuille gluante. C'est une page de notre calendrier scolaire. Elle représente le mois courant. Le mois d'octobre. Et... Lou Canthrope a encerclé le **13** à l'encre rouge.

— La menace se précise, remarque Bêtabidule.

—Ce n'est pas tout! **YARK!** crie Alpha-Béa en plongeant à nouveau la main dans l'enveloppe.

Frissonnant de dégoût, la justicière sort des lettres en plastique aimantées multicolores et les étale sur la table. Il y en a 11 en tout:

O-M-L-B-É-G-I-N-E-H-O

—Encore une devinette, soupire Delta-Derby en frappant le sol avec ses béquilles.

—Oui, une énigme que nous devons résoudre pour savoir ce que nous réserve le loup, renchérit Gammascara, cherchant dans son sac sa bouteille de désinfectant pour les mains.

—Le ketchup aussi doit être un indice, suppose Bêtabidule en tapotant son pansement.

—Quoi ? Tu veux dire que Lou Machin nous arrosera de ketchup, ce vendredi ? demande Delta-Derby, incrédule.

—De ketchup… ou d'hémoglobine, répond Alpha-Béa, qui vient de terminer d'assembler les lettres.

Les Zalphajusticiers, les yeux écarquillés, se taisent pour observer les lettres gluantes, qui forment sur le bois rugueux de la table ce mot effrayant :

HÉMOGLOBINE

Une fois revenus de leur ébahissement, les **ZALPHAJUSTICIERS** conviennent qu'il est temps de nettoyer la table à pique-nique avant que sonne la cloche. Alpha-Béa remet donc les lettres dans l'enveloppe, avec la page du calendrier. Ensuite, Gammascara sort de son fourre-tout un sac en plastique. À ses camarades étonnés, elle explique qu'elle en tient toujours un, en cas de besoin. « Les sacs en plastique, c'est toujours pratique quand tu es une espionne. Comme les lingettes humides », ajoute-t-elle en tendant son paquet à Alpha-Béa, pour que celle-ci essuie la surface de la table. Quand c'est terminé, elle jette les lingettes et les gants dans une poubelle qui se trouve à proximité.

Elle glisse finalement le sac contenant l'enveloppe dans son sac d'école, entre deux cartables.

C'est à ce moment que la cloche retentit, annonçant la fin de la récréation.

Les agents se lèvent.

— Est-ce qu'on se rejoint à la cafétéria ce midi ? demande Delta-Derby.

— C'est certain, répondent d'une seule voix Alpha-Béa et Bêtabidule.

— Moi, je vais vous rejoindre, mais je ne pourrai pas passer toute l'heure avec vous, car j'ai une répétition pour le spectacle de vendredi, explique Gammascara.

— Bon, alors préparez-vous, renchérit Delta-Derby. J'aimerais qu'on vote ce midi pour savoir si on alerte le directeur. Toute cette affaire commence à sentir un peu trop… le ketchup. Je ne voudrais pas qu'à cause de notre silence les élèves de l'école passent à la moulinette d'une meute de loups sanguinaires, ce vendredi.

— **CHUT !** Tu vas attirer l'attention! Cette affaire est classée top secret, le gronde Alpha-Béa. N'oublie pas notre objectif **C** : nous sommes des caméléons au service du citoyen.

— Oui, mais ça commence à être vraiment sérieux, poursuit Delta-Derby, bien planté sur ses béquilles. Les loups masqués insistent, avec leur ketchup et leurs devinettes macabres. On devrait faire au moins une édition spéciale du journal pour informer les élèves du danger qui les guette.

— Oui, mais si on le fait, on entre dans leur jeu, on leur offre de la publicité, rétorque Alpha-Béa, obstinée.

— Moi, explique Gammascara, je crois que, si on informe l'école de ce qui se passe, la direction annulera le spectacle. Et je ne voudrais **POUR RIEN AU MONDE** qu'on annule la soirée des Étoiles.

— Qu'en penses-tu, Bêtabidule? interroge Delta-Derby.

Bêtabidule ouvre la bouche pour répondre quand l'instituteur affecté à la surveillance de la cour durant la récréation crie aux quatre retardataires : « **DÉPÊCHEZ-VOUS ! LA DEUXIÈME CLOCHE VA BIENTÔT SONNER !** »

C'est donc sur un point non réglé que se termine la réunion des **ZALPHAJUSTICIERS.**

8

LOU Y ES-TU ?

Le midi venu, les **4Z** se retrouvent autour de la table avec une question grave à résoudre. En effet, comme l'explique Alpha-Béa au groupe, s'ils alertent la direction, leur agence n'aura plus de raison d'exister.

— Personne ne connaît l'existence d'une agence d'espionnage. Ce n'est pas pour rien si on dit des agents qu'ils sont **secrets**, avance la journaliste espionne.

— Mmm, répond Delta-Derby, en nappant de sauce ses croquettes de saumon. Nous ne sommes pas vraiment secrets, comme tu le prétends, puisque les loups savent qui nous sommes. Ils jouent avec nous depuis le début. Ils attendent de voir nos réactions pour commettre leur prochaine action. Si ça se trouve, ils nous observent probablement en ce moment.

— Tiens, c'est une idée, ça, relève Gammascara. Trouvons le loup de notre groupe. **SURVEILLONS-LE** discrètement.

— Lamartine-Dumouchel est au four à micro-ondes en ce moment, annonce Bêtabidule. Il nous tourne le dos.

—Laurent Junior Rompré parle à la surveillante, murmure Gammascara. Il porte encore son **HORRIBLE** chandail de loup…

—Olivier Larivière-Laforêt fouille dans son sac à lunch. Il parle avec ses voisins. Je ne sais pas ce qu'il leur raconte, mais ça a l'air très drôle, poursuit Alpha-Béa.

—Rodrigue St-Sauveur vient juste d'entrer, remarque Delta-Derby. Il était où avant d'arriver ici ?

—Eh bien, vous connaissez mon opinion, dit Gammascara. Je vote pour l'agence, le secret et la mission. Là, par contre, je dois vous quitter parce que ce sera bientôt l'heure de la répétition. On se reverra à la récréation de l'après-midi. *Ciao!*

Gammascara quitte ses amis pour se rendre à l'auditorium de l'école. Elle passe d'abord aux toilettes. Elle veut se brosser les dents et se rafraîchir un peu avant d'aller à la rencontre qui aura lieu dans dix minutes. C'est fou comme elle a le trac! Pour se détendre, elle asperge ses cheveux de quelques gouttes de *Doux poison*, le nouveau parfum de sa vedette préférée. Elle sort ensuite son sac à cosmétiques et choisit un diamant synthétique en forme de larme. Elle le colle sous son œil droit. Elle s'écarte du miroir pour en admirer l'effet, qu'elle juge fantastique. Mais ce serait plus fabuleux encore, songe-t-elle, si elle agrafait à sa frange, près de son œil gauche, une mèche rouge. Cela lui donnerait un petit quelque chose de… glamour.

Une fois qu'elle en a terminé avec sa coiffure, elle sourit à son reflet et commence à chanter, en dansant, *Chanteuse espionne* :

J'ai peur, mon cœur
Mais si je pleure, je meurs

Des pas dans le corridor, tout près de l'auditorium, puis des chuchotements et des rires étouffés attirent son attention. Elle s'arrête donc de chanter et, sur la pointe des pieds, longe le mur pour se rendre en catimini jusqu'à l'entrée des toilettes des filles. C'est alors qu'elle les voit, réunis ! Les quatre suspects dont ils ont noté les noms dans le calepin d'Alpha-Béa ! Formant un cercle, ils enfilent des loups avant de se mettre à faire des simagrées effrayantes, comme s'ils sortaient les griffes ou s'ils hurlaient à la lune. Tapie derrière la grande porte de la salle des toilettes, Gammascara ne perd rien de cet échange clandestin.

— Ils ne nous verront pas venir, rigole St-Sauveur.

— Ouais et on va tous les bouffer ! Grrrrr ! renchérit Junior Rompré.

— Avec du **KETCHUP !** ajoute Lamartine-Dumouchel en se léchant les babines avant d'éclater d'un rire tonitruant.

— Oh que oui ! Il va y avoir du « tin-tamort » à l'école des Étoiles savantes **VENDREDI 13**, soir de pleine **LUUUUUUUUUUUUUNE !**

Gammascara aimerait tant pouvoir communiquer avec ses amis en ce moment ! Puis elle songe qu'elle a toujours un vieil appareil photographique dans son sac à cosmétiques. Elle l'utilise pour prendre des clichés des looks qu'elle crée, ainsi qu'elle l'a appris en regardant une entrevue avec la designer de renommée internationale Katarina Gauthiana, créatrice des tenues de scène d'Irma Hata.

Gammascara, le cœur battant, quitte donc son poste d'observation et bondit jusqu'au comptoir pour y prendre son appareil. Lorsqu'elle revient sur la pointe des pieds, les quatre suspects masqués, toujours en cercle, se prennent bras dessus, bras dessous. Clic! Ils rapprochent leurs têtes les unes des autres. Clic! Que disent-ils? Clic! Clic! Gammascara tend l'oreille pour mieux les entendre. C'est alors que l'alarme d'incendie de l'école se déclenche.

DRRRIiIiIiIiIiIiIiIiIiINNNGGG!

À cet instant, les quatre garçons arrachent leurs loups et se dirigent vers la sortie d'urgence. Gammascara fait de même après avoir récupéré son sac à cosmétiques. Elle rejoint vite ses camarades, qui sortent en rang à la suite des surveillants du dîner.

Une fois dehors, Gammascara, le plus discrètement possible, informe ses amis de la scène dont elle a été témoin.

— J'ai même des photos, regardez !

Les 4Z se penchent au-dessus de l'écran que tend Gammascara.

— Elles sont floues, tes images, fait remarquer Delta-Derby.

— Han, t'es sérieux ? Citron ! répond Gammascara, déçue. C'est vraiment nul. J'étais trop nerveuse, ce qui fait que j'ai dû bouger en appuyant sur le déclencheur. Mais je peux vous le jurer, la meute des loups est formée par nos quatre suspects. Je les ai vus comme je vous vois.

Les pompiers arrivent très vite à l'école. Ils entrent dans l'établissement afin d'aller voir si une intervention est nécessaire. Pendant ce temps, les surveillants prennent les noms des élèves afin de s'assurer que tout le monde est sorti. Du côté des élèves, plusieurs participants du spectacle déplorent le fait que la répétition n'ait pas eu lieu ce midi.

— C'est vrai, bougonne Gammascara. À cause de cette alarme, on n'a pas pu répéter nos numéros. J'espère qu'on pourra le faire demain, afin d'être bien préparés vendredi.

—Tu as raison, répond Bêtabidule, nous devrons être prêts à tout, ce vendredi. Car, selon ce que tu dis, les quatre loups, dont nous connaissons maintenant les identités, semblent bel et bien vouloir frapper le **13**, pendant le grand spectacle de l'école.

—Ça me donne des frissons, à moi, toute cette histoire, ces lettres, ces devinettes et ces photos, se confie Delta-Derby. Je n'ai pas ce qu'il faut pour être un agent secret. Cascadeur, ça va... Vous pouvez me demander de sauter d'un toit, de plonger du plus haut tremplin de la piscine municipale, de marcher sur un fil de fer, de faire du bungee… Mais arrêter des malades qui se prennent pour des loups et qui veulent bouffer les élèves avec du ketchup, c'est trop pour moi. On ne sait pas ce qui leur passe par la tête. Il faudrait, par prudence, laisser agir les adultes. D'ailleurs, je pense que je vais me déclarer malade pour le restant de la semaine et revenir quand tout sera fini.

— Mais non, Delta-Derby, dit Alpha-Béa en lui tapotant l'épaule. J'espère que tu ne nous laisseras pas tomber. Car à nous quatre, nous ne serons pas de trop pour les mettre hors d'état de nuire. Et c'est à cette étape que tes talents de cascadeur deviendront essentiels.

— Vraiment?

— Vraiment. Sans toi, nous ne sommes plus les 4Z. Pour accomplir notre mission, nous devons former une équipe solide. Chacun de nous devra bien jouer son rôle, si on veut que l'Opération casse-croûte soit un succès… Toi, Delta-Derby, tu seras les bras, les jambes, les muscles, la force des Zalphajusticiers. Mais tu ne seras pas seul. Nous serons avec toi. Alors, tu marches, une bonne fois pour toutes?

Delta-Derby hésite, pèse le pour et le contre. Au bout d'un moment qui semble interminable à ses camarades, il prend sa décision:

— Bon, j'embarque.

— **GÉNIAL!** Tu promets de garder le secret et de t'engager entièrement dans l'agence?

— Je promets.

— Alors, nous pouvons mettre au point **L'OPÉRATION CASSE-CROÛTE!**

— **OH!** s'exclame Bêtabidule. Aura-t-on besoin de matériel technologique?

— Ou de costumes, de perruques? demande encore Gammascara.

— Nous allons avoir avant tout besoin d'un bon plan, répond Alpha-Béa.

La voix du directeur, provenant d'un porte-voix, interrompt la réunion des **4Z** : « Mesdames et messieurs, chers élèves, vous pouvez maintenant réintégrer l'école sans danger. L'alarme s'est déclenchée à cause de rôties que j'avais oubliées dans le grille-pain de la cuisine du personnel. Je suis vraiment désolé pour les inconvénients. Concernant la répétition pour le spectacle, elle est remise à demain, pendant l'heure du dîner. Bon après-midi. »

Le directeur échange quelques mots avec les pompiers. La responsable des surveillants récupère les listes des élèves. Pendant ce temps, les jeunes rigolent. Le directeur qui a laissé brûler ses rôties, **QUELLE HISTOIRE !**

Or, le temps des blagues dure peu, puisque la cloche retentit, annonçant la fin du dîner.

— Qu'est-ce qu'on fait cet après-midi ? demande Gammascara.

— Pour commencer, on ne lâche pas les suspects d'une semelle, répond Delta-Derby, répétant une phrase qu'il a souvent entendue dans les films d'action qu'il affectionne.

Se redressant, il poursuit :

— Il faut tout savoir à leur sujet : où ils vont, ce qu'ils font, ce qu'ils disent, qui ils voient… **TOUT.**

— Je suis pour, répond Alpha-Béa, résolue. À la récréation, nous ferons le point. Est-ce que tout le monde est d'accord ?

Ses amis lui donnant leur assentiment, Alpha-Béa continue :

— J'ai pensé qu'on pourrait, en tant qu'agence, avoir aussi notre cri de ralliement…

Une fois qu'elle a expliqué son idée à ses camarades, les **4Z** se mettent face à face et disent **D'UNE VOIX FORTE**, l'un après l'autre, en mettant l'un de leurs poings au centre :

— ALPHA !

— BÊTA !

— GAMMA !

— DELTA !

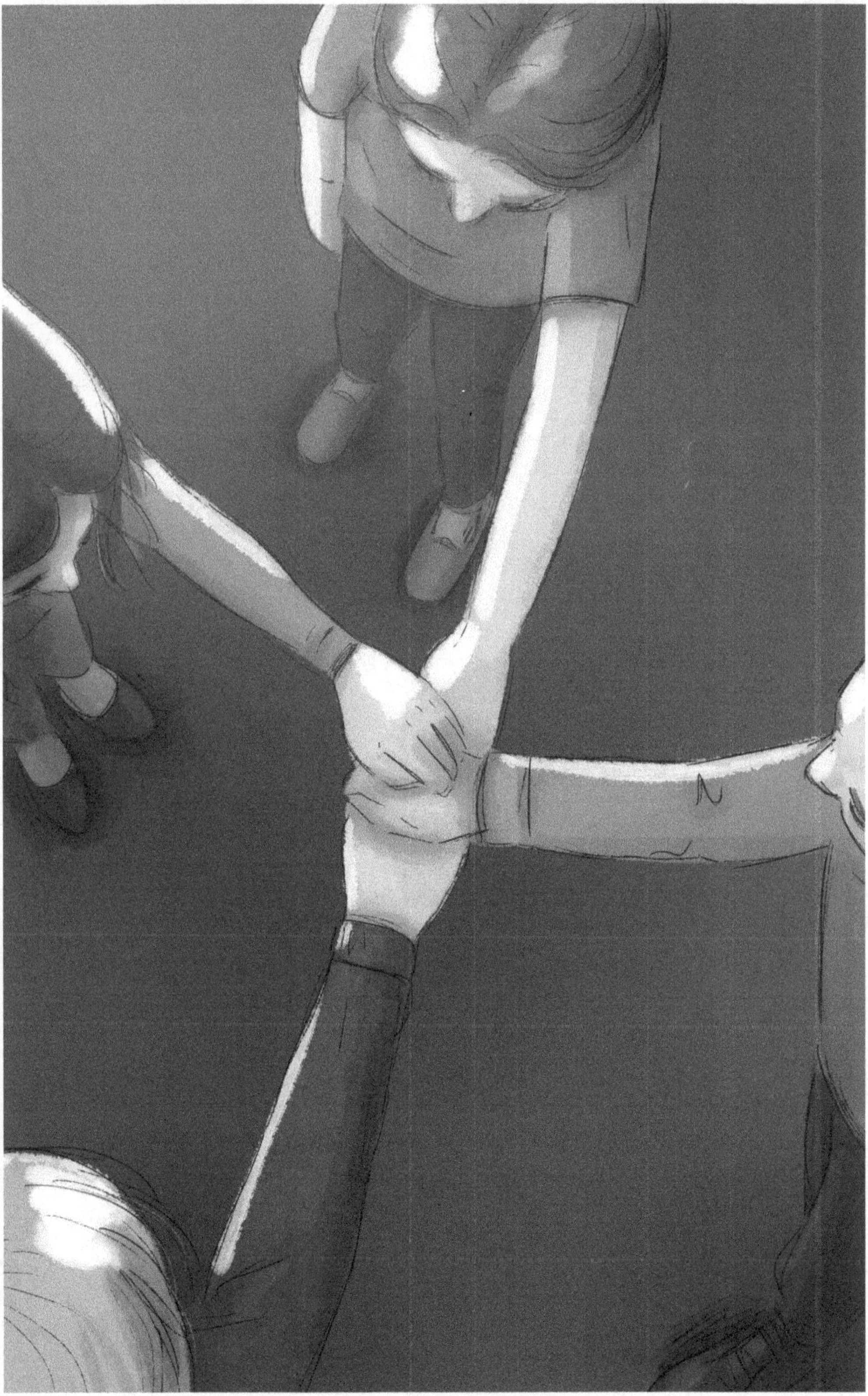

9

LE PETIT ESPION ROUGE

Alpha

Dans le groupe 603, l'enseignante étant sortie chercher des photocopies au secrétariat, tout le monde en profite pour parler des événements du jour : l'alarme d'incendie et l'annulation de la répétition du spectacle. Pendant que Béatrice sort son livre et son cahier de mathématiques, elle entend ses voisines dire que cette annulation est peut-être un mauvais présage pour le spectacle, qui se tiendra cette année un **VENDREDI 13**.

— C'est vrai, répond d'une voix aiguë le voisin des voisines, je me demande qui a eu l'idée de choisir cette date. C'est à croire qu'on voulait à tout prix défier le mauvais sort...

— Moi, dit un autre, je pense qu'on ne devrait jamais rien faire le vendredi 13, de peur d'attirer la malchance.

— Arrêtez, là, supplie une autre. On dirait que vous racontez le début d'un film d'horreur…

— Parlant d'horreur, on n'a toujours pas trouvé qui avait mis des cochonneries dans les boîtes à lunch des élèves, renchérit encore une autre.

— C'est vrai, ça, réplique Olivier Larivière-Laforêt.

Et, s'adressant à Béatrice avec le sourire du loup déguisé en agneau, il ajoute :

— Est-ce que le journal a d'autres informations qui concernent cette affaire ?

Béatrice, qui ne s'était pas préparée à cette attaque, se sent rougir jusqu'à la racine des cheveux lorsqu'elle répond, en bafouillant :

— Euh… non… malheureusement. Mais nous gardons… euh… l'œil ouvert…

« Non mais, quel culot il a, celui-là ! » se dit-elle en son for intérieur. Heureusement, le retour en classe de l'enseignante met un terme au malaise de Béatrice, qui se sent en ce moment comme un lièvre pris au piège…

Pendant que l'enseignante écrit au tableau les numéros des problèmes à résoudre dans leurs cahiers, Béatrice se tourne vers Olivier, qui lui sourit d'un air entendu. « Il sait que je sais, se dit l'espionne en herbe. Il va falloir jouer serré. »

— Chers élèves, dit l'enseignante aux jeunes du groupe 601 au retour du dîner, cet après-midi, vous pouvez vous avancer dans vos projets de recherche. Si vous avez terminé, vous pouvez faire vos devoirs. Sinon, faites du travail libre. Si vous avez des questions, venez me voir à mon bureau. Bonne période.

UNE PÉRIODE LIBRE! Louis-Benjamin compte bien en profiter! Stimulé par la conversation qu'il a eue avec ses amis au sujet de **L'OPÉRATION CASSE-CROÛTE**, il pense sérieusement à son rôle au sein de l'agence. Il est Bêtabidule, celui qui, comme dans les films d'espionnage, crée les gadgets. Il doit fournir aux 4Z des outils qui leur permettront de mener à bien leurs missions. « Quel objet technologique pourrait nous aider à neutraliser Lou Canthrope et ses complices ? » se demande-t-il en jouant avec le bandage qui entoure sa tête. Pour mieux réfléchir, il prend un calepin et note ses idées à l'aide d'un crayon à mine :

Loup = Prédateur...

Prédateur = Chasseur

Chasseur = Piège

Piège à loup?

« Un piège à loup, voilà ce qu'il nous faut ! » pense Louis-Benjamin. « Mais comment piéger un loup, ici, à l'école ? » se demande-t-il en jetant un œil du côté de Pierre-Olivier Lamartine-Dumouchel. Ce dernier est caché derrière une bande dessinée, qu'il a ouverte et qu'il fait tenir debout sur son bureau. « Que prépare-t-il encore? aimerait savoir l'apprenti justicier. Est-il en train d'écrire une autre lettre de menaces qu'il ira porter au journal incognito ? »

En imaginant l'élève en train de déposer une enveloppe dans le pigeonnier du journal étudiant, Louis-Benjamin a soudain une idée. Il va coincer l'un des loups grâce à la colle superpuissante qu'il s'est procurée, l'autre jour, pour rafistoler l'une de ses voitures téléguidées. Discrètement, il sort le tube de son sac. L'approchant de ses yeux, il lit :

Collatout colle tout:
les jouets, les bijoux, les autos,
tout, tout, tout...

Collatout, la colle qui colle tout!

Jubilant à l'idée d'attraper le loup la patte dans le pigeonnier, Louis-Benjamin glisse le tube de colle dans la poche de son pantalon et se lève. Il va ensuite voir son enseignante et lui demande s'il peut aller aux toilettes. « Oui, mais ne tarde pas », lui répond-elle, le nez dans les copies du dernier examen de français.

Mine de rien, Louis-Benjamin sort de la classe et referme doucement la porte derrière lui. Une fois dans le corridor, il marche vers le pigeonnier du journal. Quand il y est, il regarde à gauche et à droite, à droite et à gauche. Personne. Certain d'être seul, le justicier entre la main dans sa poche et en sort le tube de Collatout. Nerveux à l'idée d'être pris sur le fait, il se hâte d'étendre le produit tout autour de la porte du pigeonnier. « Comme ça, se dit-il, le loup risque de se retrouver pris au piège en glissant une enveloppe dans la fente. **HÉ ! HÉ !** Moi, je verrai tout sur l'écran de mon téléphone. Nous n'aurons qu'à venir le cueillir, avec monsieur le directeur. Nous aurons les preuves enregistrées… »

Bêtabidule recule pour admirer son œuvre. « C'est parfait, se félicite-t-il, tout semble normal. Il n'y a que l'odeur, assez forte, qui devrait se dissiper d'ici quelques minutes. » Le justicier va retourner en classe quand il a un doute. « Et si le loup déposait la lettre sans même toucher au pigeonnier ? Il repartirait alors ni vu ni connu… »

Bêtabidule lance des regards furtifs dans toutes les directions. Personne en vue. Le justicier sort donc à nouveau son tube de colle et se met à genoux. Il étend l'adhésif superpuissant sur le carrelage du plancher, devant le pigeonnier. « Là, c'est certain, se dit-il, on attrapera notre loup s'il revient dans les parages... J'ai donc hâte de lui voir la face en gros plan dans ma caméra... »

Satisfait de son travail, Louis-Benjamin remet le capuchon sur son tube. Il se relève ensuite et retourne en classe tout sourire, se remémorant une phrase que l'enseignant d'expression dramatique leur fait souvent répéter, à lui et aux autres élèves de son groupe, pour les aider à améliorer leur diction :

« Un chasseur sachant chasser sait chasser sans son chien. » (Répéter dix fois).

Gamma

Assise à sa place, May-Lee feuillette son magazine préféré : *Le Planète Starlettes*. La jeune fille apprécie les articles qu'on peut y lire, concernant les vedettes et les voyages qu'elles font à travers le monde entier. La lectrice s'intéresse de près aux pays qu'on y présente. Elle tente d'ailleurs d'apprendre tout ce qu'elle lit par cœur. « Il faut en savoir le plus possible sur le monde et les voyages, pense-t-elle, c'est essentiel quand on est une chanteuse de renommée internationale comme Irma Hata ou encore une espionne en mission planétaire... »

Elle vient à peine de refermer son magazine quand madame Manon entre en classe, des livres plein les bras. Elle les dépose sur son bureau en disant aux élèves :

— **OUF !** J'arrive de la bibliothèque. Je suis allée chercher tout ce qu'il faut pour entreprendre un voyage à travers les contes de fées. Connaissez-vous l'écrivain français Charles Perrault ? Non ? Il a pourtant écrit des contes que vous connaissez tous... Avez-vous déjà lu, par exemple : *La Belle au bois dormant ? La Barbe bleue ? Le Maître chat* ou *Le Chat botté ? Cendrillon ?* Eh bien, monsieur Perrault a écrit bien d'autres histoires encore durant **LES ANNÉES 1600 (EH OUI !)**, dont *Le Petit Chaperon rouge...*

Dans la classe, les garçons, moqueurs, font entendre un « **OHHHHHH** » faussement apeuré.

— Vous riez aujourd'hui, continue l'enseignante, mais ce conte a déjà fait frémir de peur les enfants… et même les adultes.

— Est-ce que c'est vrai que, dans la version originale, le loup mange le Petit Chaperon rouge ? demande Laurent Junior Rompré.

— Effectivement.

Dans la classe déferlent alors des cris de surprise et de dégoût.

— Quoi ? demande l'un.

— Le loup mange l'enfant ? s'écrie l'autre.

— Mais… C'est effrayant ! s'exclame une autre encore.

La voix de Laurent Junior enterre toutes les autres :

— Moi, c'est ma version préférée.

Certains élèves rient de la blague de Laurent Junior, tandis que d'autres échangent des regards médusés. May-Lee feint de ne pas l'avoir entendu. « Tu ne paies rien pour attendre, mon loup », se dit-elle en songeant au plan d'action qu'elle et ses amis mettront bientôt au point pour les coincer, lui et ses complices. « Rira bien qui rira le dernier ! »

Madame Manon fouille dans sa pile de livres. Elle en prend un de grandes dimensions et l'ouvre à une page qu'elle a marquée avec une note autocollante rouge. Elle le tourne ensuite vers les élèves :

— Voici l'histoire du *Petit Chaperon rouge*, dit-elle. Si vous aviez à la réécrire, aujourd'hui, que nous raconteriez-vous ? Comment serait le Petit Chaperon ? Comment serait le loup ? Comment se déroulerait l'histoire ? Dans quels lieux ? Sortez vos cahiers et réécrivez ce conte. Vous pourrez agrémenter le tout d'illustrations. J'ai hâte de vous lire ! Bon travail !

May-Lee, qui adore écrire et dessiner, sort son cahier et ses crayons. Elle se met aussitôt à la tâche, inspirée par les événements des derniers jours.

Le Petit Espion rouge

Il était une fois une jeune fille aux cheveux rouges. Elle rêvait de devenir une chanteuse de renommée internationale. Aussi, elle fréquentait une grande école de musique. Pour gagner de l'argent de poche, elle vendait des produits de beauté à ses amies.

Un jour, alors qu'elle s'en allait à pied porter une commande chez une cliente qui habitait un quartier éloigné de la ville, elle rencontra un vilain garçon. Celui-ci portait un masque et un chandail de loup. Également, ses mains étaient couvertes de gants poilus et griffus, et il avait en bouche un dentier aux dents pointues. D'une voix malicieuse, il lui demanda:

–Où vas-tu comme ça, petite fille aux cheveux rouges?

–Je m'en vais voir une amie. Mais... pourquoi portes-tu un masque?

–Parce que je suis un filou, mon enfant...

–Ah... pourquoi as-tu un dentier aux dents pointues?

–C'est pour mieux te faire peur, mon enfant!

–Et... pourquoi portes-tu des gants?

–C'est pour mieux te voler ton argent, mon enfant!

En disant ces mots, l'escroc bondit sur la jeune fille pour lui arracher sa bourse contenant ses économies et ses précieux produits de beauté.

La chanteuse vendeuse, indignée, repoussa le voleur avec une telle force qu'il tomba sur le trottoir à quatre pattes. Impressionné, il leva les yeux dans sa direction. C'est alors qu'elle lui lança un regard... rouge et lumineux! Le filou, effrayé, s'enfuit en poussant des cris aigus. Quant à la jeune fille, elle resta un bon moment immobile, abasourdie de constater que la peur et la colère avaient réveillé en elle une force surhumaine. D'ailleurs, elle n'en revenait pas d'avoir lancé des rayons gamma aves ses faux cils ornés de rubis!

«Je ne suis donc pas une personne aux cheveux rouges comme les autres, constata-t-elle. J'ai des pouvoirs inouïs. J'ai en moi la force d'être une chanteuse espionne, comme mon idole, Irma Hata. Désormais, se dit-elle, je serai, en secret, le Petit Espion rouge. Et mes produits de beauté sauveront… le monde!»

Fin

Fière de son conte, May-Lee réalise quelques illustrations montrant le Petit Espion rouge portant un masque écarlate couvert de paillettes et une combinaison en lycra multifonction : à l'intérieur de la doublure sont cousues des poches secrètes dans lesquelles elle peut ranger aussi bien les commandes de ses clientes que des accessoires utiles aux chanteuses espionnes, tels qu'un micro-lampe de poche, un lutrin-deltaplane, une flûte traversière-sarbacane. « La cape elle-même, note May-Lee, peut devenir, au besoin, un rideau de scène ou une tente sous laquelle on peut dormir à l'aise lors d'une mission dans la jungle. »

La jeune fille est si absorbée par son travail qu'elle ne voit pas la période passer. Aussi, elle est très surprise quand la cloche retentit, annonçant la récréation de l'après-midi.

Delta

1-2! 1-2! Inspire… Expire… Dans son cours d'éducation physique, Erby est très déçu d'avoir une cheville foulée. En effet, l'éducation physique est sa matière préférée. Pendant que ses camarades font des tours de gymnase au pas de course, Erby, qui est le meilleur coureur de sa classe, se voit réduit à lever des poids seul dans son coin. Qu'à cela ne tienne, il s'est installé pour ne rien manquer des faits et gestes de Rodrigue St-Sauveur. Ce dernier, de toute évidence, n'a pas la fibre bien sportive. « C'est tant mieux, se dit Erby en souriant de voir l'élève suivre tant bien que mal la queue du peloton. Il s'essouffle rapidement. Il ne court pas vite, pour un loup. C'est bon à savoir, si jamais je dois lui courir après, vendredi soir… » Se ravisant, il ajoute pour lui-même : « Ou s'il me courait après… 1-2 ! 1-2 ! Allez, Erby ! Du nerf ! Les **ZALPHAJUSTICIERS** ont besoin de tes muscles d'acier ! »

À un moment donné, Rodrigue St-Sauveur quitte la troupe en marchant pour rejoindre monsieur Marc, le spécialiste en éducation physique. Celui-ci se trouve au milieu du gymnase, sifflet et chronomètre en main, encourageant le groupe. L'élève et l'enseignant échangent quelques mots, puis Rodrigue s'éponge le front et fait demi-tour pour se rendre au vestiaire des garçons. Alerté, Erby se demande : « Qu'est-ce qu'il manigance, encore, ce Rodrigue de malheur ? » Posant ses poids, Erby s'assoit. Il se met à réfléchir en feignant d'attacher les lacets de ses chaussures. Il est tiraillé entre la peur de ce qu'il découvrira s'il entre dans le vestiaire et le courage que lui commande son rôle au sein des **ZALPHAS**. « Mmm… je n'ai pas le choix, songe-t-il. Si je veux en savoir plus, je vais être obligé de le suivre… Après tout, je suis Delta-Derby. En tant qu'agent secret, je me dois de défier les dangers pour découvrir et dévoiler la vérité. »

Tout en se parlant pour se motiver, Erby prend ses béquilles et quitte son poste afin de se rendre auprès de monsieur Marc.

—Qu'est-ce que je peux faire pour toi ? lui demande l'enseignant d'une voix forte.

—Euh... je voudrais aller aux toilettes.

—Il y a déjà quelqu'un au vestiaire en ce moment.

—Oui, eh bien, euh... ça presse...

—Bon, alors, vas-y, mais ne traîne pas. Et dis à Rodrigue qu'il est attendu au gymnase pour finir sa course. Ça fait longtemps qu'il est parti, lui...

Satisfait d'avoir obtenu l'autorisation de son enseignant, Erby se rend au vestiaire des garçons en se préparant mentalement à prendre Rodrigue St-Sauveur la patte dans le sac. Va-t-il le surprendre en train d'écrire une lettre de **MENACES ?** D'inventer un nouveau petit jeu visant à semer la terreur? Erby respire un bon coup avant de pousser la porte. « Sois fort, mon ami, se dit-il, et, quoi qu'il arrive, garde ton calme. »

La porte s'ouvre en grinçant. Erby passe la tête dans l'entrebâillement et jette un œil à gauche et à droite. À première vue, il n'y a personne dans l'entrée du vestiaire. L'agent secret en herbe hésite une ou deux secondes avant de s'avancer. Se décidant finalement à aller jusqu'au bout de la mission qu'il s'est donnée, il entre. Il prend toutefois le soin de faire le moins de bruit possible pour avoir la chance de prendre le loup sur le fait. Sur ses gardes, il se déplace avec prudence dans le vestiaire. Il a chaud. Ses mains sont moites. Il est nerveux. À un moment, n'y tenant plus, il s'arrête pour prendre son pouls. Selon sa première estimation, son cœur doit battre dans les **1000 KILOMÈTRES** à l'heure. «Du calme. Respire profondément.» Avec courage, il reprend son exploration des lieux. Si Rodrigue St-Sauveur n'est pas dans le vestiaire, il est assurément dans les toilettes. « Vas-y, mon gars, l'école des Étoiles savantes compte sur toi. »

Delta-Derby, le plus vaillamment du monde, traverse du côté des toilettes. Va-t-il devoir pousser les portes une à une avant de mettre la main au collet de celui qu'il recherche ? Soudain, il entend une plainte. Comme un cri de douleur ou… le gémissement d'un animal blessé. Alarmé, il pense aussitôt à l'émission qu'il a vue l'autre jour, relatant des phénomènes inexpliqués et racontant des histoires de zombies, de vampires, d'esprits frappeurs… Il recule en se demandant si Rodrigue ne serait pas en train de se métamorphoser en loup-garou…

Le bruit de la chasse d'eau met un terme à la réflexion de l'espion. Celui-ci va rebrousser chemin tandis qu'il en est encore capable quand la porte du cabinet s'ouvre. **Paralysé par l'effroi**, Delta-Derby voit alors sortir Rodrigue St-Sauveur, blême comme un drap et plié en deux, se tenant le ventre.

—Qu'est-ce que tu fais là? demande faiblement ce dernier à Erby.

—Ben, je viens aux toilettes. Et toi, qu'est-ce que...?

—Ah... je ne me sens vraiment pas bien...

Sans trop savoir pourquoi, Erby demande alors :

— Est-ce que c'est à cause de la pleine lune ?

Mystérieusement, Rodrigue lui répond, en se laissant choir sur un banc :

— Oui, on peut dire ça comme ça...

Optant pour le dialogue, Erby s'assoit à côté de son camarade. Pesant ses mots, il lui dit :

— Tu sais que tu peux encore revenir en arrière. Tu n'es pas obligé de le faire...

L'autre, fermant les yeux et se frottant le ventre (Erby constate alors qu'il transpire abondamment), affirme, non sans regrets :

— Il est trop tard. Je n'ai plus le choix. **OUILLE !** J'ai tellement mal, on dirait que je vais mourir !

C'est donc ça ! Rodrigue St-Sauveur et ses complices vont se transformer en loups-garous vendredi, avec la pleine lune ! **ABOMINATION !** Déjà, d'après les premières constatations d'Erby, St-Sauveur semble ressentir le mal de ventre, ce qui est l'un des premiers effets reliés à cette transformation... Selon ce que les spécialistes disaient lors de l'émission qu'il a vue dernièrement, il n'y a pas grand-chose à faire pour sauver quelqu'un qui a été mordu par un loup-garou...

En y songeant, le garçon recule pour éviter d'être à la portée de... la... bête.

Que dire à Rodrigue pour le dissuader de mettre son plan à exécution ? De ne plus venir à l'école tant qu'il sera sous l'effet de la **PLEINE LUNE ?** De s'attacher dans le sous-sol d'une tour isolée ? Erby regarde St-Sauveur sans être capable de prononcer un mot. Ce dernier se lève. Erby s'empresse de faire de même. Il sursaute quand la porte du vestiaire s'ouvre sur les garçons de la classe, qui reviennent se changer. Manifestement, le cours est terminé. Erby accueille cette nouvelle avec soulagement. Si la cloche peut sonner, il va pouvoir enfin sortir et se mettre à l'abri des crocs du lycanthrope…

10

TEL EST PRIS...

Dès que la cloche de la récréation sonne, les **ZALPHAJUSTICIERS** se rendent en vitesse à leur quartier général. Bêtabidule y est déjà, debout à côté de la table à pique-nique, surveillant sur son écran le piège qu'il vient de tendre à Lou Canthrope et à sa meute. Lorsque Gammascara et Delta-Derby le rejoignent, il a son téléphone en main, prêt à intervenir.

— Quand il vibrera, nous saurons que le loup a été pris au piège, explique-t-il à ses amis. Nous pourrons donc aller chercher monsieur le directeur et lui dévoiler la vérité au sujet des «loups» qui rôdent dans l'école depuis lundi… Et vous, quoi de neuf?

Gammascara fait aussitôt son rapport au sujet de la période qu'elle vient de passer, de l'histoire du Petit Chaperon rouge et des commentaires **inquiétants** de Laurent Junior Rompré au sujet de la diète du loup…

—Il semblait trouver très amusant que le loup mange le Petit Chaperon…

—Avec du ketchup, j'imagine, commente Delta-Derby en se balançant sur ses béquilles. En tout cas, il va vite falloir neutraliser cette bande parce que j'ai vu Rodrigue St-Sauveur commencer à se transformer en loup-garou dans le vestiaire du gymnase…

—**QUOI ?** s'écrient d'une seule voix ses interlocuteurs.

Au même moment, le téléphone de Bêtabidule se met à vibrer. Les **ZALPHAJUSTICIERS** se penchent aussitôt sur l'écran. C'est alors qu'ils voient Alpha-Béa, collée au pigeonnier et au plancher, **FULMINER** en regardant l'écran.

— **OH NON!** s'exclame Bêtabidule. J'aurais dû vous aviser avant de poser mon piège… Vite, allons aider Alpha-Béa!

Les Zalphajusticiers se ruent dans l'école pour aller porter secours à leur collègue. Lorsqu'elle voit arriver ses amis, elle s'efforce de ne pas crier:

— Est-ce que je peux savoir qui a eu la charmante idée de mettre de la colle ici? **GRRRR!** En plus, je porte une veste neuve…

— C'est moi, avoue Bêtabidule, honteux. En plus, c'est de la Collatout, un produit superpuissant. Alors, je crois que ta veste restera collée pour de bon au pigeonnier. Comme ton soulier au plancher…

— T'es pas sérieux, là…

— À moins que… **ATTENDEZ !**

C'est Gammascara qui vient de parler, tout en fouillant dans son sac fourre-tout. Elle en sort une petite bouteille. En l'ouvrant, elle explique :

— C'est le démaquillant qu'emploie Irma Hata après ses spectacles. Elle l'a dit à la télé. Je pense que ce produit pourrait être efficace. Irma Hata est une chanteuse espionne, non ?

Sans laisser le temps aux autres de réagir, Gammascara verse le produit sur la manche de la veste, à l'endroit où elle est collée. Elle se penche ensuite et en répand tout autour de la semelle fixée au sol. Elle recule et dit :

— Laissons au démaquillant le temps d'agir. Dans **3, 2, 1**... Alpha-Béa, peux-tu bouger ?

Celle-ci bouge son bras. Elle est alors agréablement surprise de constater que la manche de sa veste se déprend doucement de l'emprise de l'adhésif. Attendant un signe de son amie, elle soulève ensuite le pied. La semelle de sa chaussure se décolle alors avec un long bruit de succion. Heureuse de retrouver sa liberté, elle félicite May-Lee :

— Bravo, Gammascara ! Tu as fait du bon travail !

Elle se tourne ensuite vers Bêtabidule :

— Bien essayé, camarade. Le piège était une excellente idée. Mais la prochaine fois, fais-nous part de tes plans avant de les mettre à exécution…

Soulagé de la tournure des événements, Delta-Derby demande :

— Qu'est-ce qu'on fait pour la suite ?

La cloche retentit, annonçant la fin de la récréation.

— **OH, DÉJÀ, ZUT !** fait Alpha-Béa en inspectant la manche de sa veste. On se voit ce soir après les classes ?

—Moi, je ne peux pas, car je garde mon frère, répond Delta-Derby.

—Impossible pour moi : ce soir, je travaille mon numéro, ajoute Gammascara en rangeant son démaquillant.

—Et toi, Bêtabidule ?

—Moi, j'ai un examen de mathématiques à préparer.

—Bon, on se voit demain matin à la première heure au quartier général, alors, déclare Alpha-Béa. Mais le spectacle aura lieu dans deux jours... On devra donc être prêts à frapper, si on veut sauver l'école des griffes des loups. Aussi, ce soir, je veux que chacun de nous songe à ce qu'il peut faire dans son domaine : Delta-Derby, pense à la façon dont nous nous y prendrons pour arrêter la meute. Bêtabidule, quels sont les objets qui nous aideront à accomplir notre mission ? Gammascara, as-tu une idée de la façon dont nous nous camouflerons pour arrêter les loups ? J'attendrai vos idées pour les coordonner. Bonne fin de journée !

LES ZALPHAJUSTICIERS se séparent et partent à la course chacun de leur côté. Ils arrivent à leurs cours juste au moment où retentit la deuxième cloche.

Quand Béatrice parvient à son bureau, elle constate qu'on a y déposé quelque chose à son intention. « Mais qu'est-ce que c'est encore ? se demande-t-elle, irritée. Une lettre ? »

Au milieu de son bureau, sous son coffre à crayons, se trouve une feuille de cartable pliée en deux. Elle lance un regard circulaire dans la classe. Personne ne semble la regarder. « Ça vient d'Olivier, c'est sûr. Sinon, de qui ? Qu'est-ce qu'il veut ? »

Prenant une longue inspiration, Béatrice ouvre la feuille. Elle se trouve alors en présence… **D'UN RÉBUS :**

RS
Hou!
À

« Décidément, se dit la jeune fille, Lou Canthrope aime jouer. Depuis le début, il a d'ailleurs toujours un coup d'avance sur nous. Il faut que ça change. »

11

JEUDI, 7 H 32

Zzz ! Cling ! Dring !

Alpha-Béa

Appel à tous !
Rendez-vous au repaire !

— Salut, **LES ZALPHAS !** Les loups ont encore frappé. Regardez ce que j'ai reçu, hier, pendant la dernière période.

Alpha-Béa sort la feuille de cartable et la déplie. Ses amis l'examinent longtemps en silence sans trop en comprendre le sens. La jeune fille leur explique alors:

—Il s'agit d'un jeu appelé rébus. Pour créer un rébus, on assemble des images afn de former une phrase. Si vous observez bien, vous parviendrez à lire: «Dans deux jours, les loups hurleront à la lune.»

—Mais... ça, on le savait déjà, répond Gammascara.

—On dirait qu'ils commencent à radoter, là, remarque Delta-Derby en prenant place à la table.

—Mmm…, pense tout haut Alpha-Béa, je crois plutôt qu'ils s'amusent à nos dépens. En même temps, c'est leur façon de nous dire qu'ils ne veulent pas qu'on les oublie. Ils s'attendent à ce qu'on parle d'eux dans le journal.

—Les gros méchants loups ne veulent pas lâcher le morceau, lance Bêtabidule, moqueur. Ils se sont bien amusés, mais à partir de ce matin, **LES ZALPHAJUSTICIERS** vont prendre la situation en main grâce à ces quelques accessoires que j'ai dessinés hier soir…

Pendant qu'il parle, Bêtabidule sort de son sac un grand rouleau de papier. Il l'étend sur la table et demande à ses camarades d'en tenir chacun un coin.

—Premièrement, j'ai pensé que nous pourrions épier les loups en toute quiétude grâce à une longue-vue intégrée à l'une des béquilles de Delta-Derby. Qu'en dites-vous ?

—C'est génial ! s'écrie Delta-Derby, admiratif.

Encouragé, Bêtabidule poursuit :

—J'ai également pensé que Gammascara pourrait communiquer avec nous à l'aide d'un tube de mascara dans lequel j'intégrerais un micro.

—**QUELLE BELLE IDÉE !** Je suis certaine qu'Irma Hata voudrait elle aussi un tel accessoire !

Rougissant de plaisir, Bêtabidule s'adresse à Alpha-Béa :

— **EUH...** inspiré par l'incident collant d'hier, je me suis dit que nous pourrions également créer une situation lumineuse et glissante grâce à un stylo aveuglant cracheur d'huile. À l'aide de cet objet, tu pourrais aveugler l'un de nos loups avec une puissante lumière, greffée au stylo, puis lui faire perdre pied en le faisant glisser sur un jet d'huile, et ce, pour mieux le pousser dans un piège !

— Toutes ces inventions sont extraordinaires, Bêtabidule ! Elles seront prêtes quand ?

— Ces objets seront terminés demain, pour le spectacle.

— Ce sera parfait. Delta-Derby, as-tu pensé à une façon de neutraliser les loups ?

— Si, comme je le crois, ils se transforment en loups-garous au moment où se lèvera la pleine lune, il faudra les enfermer dans des endroits sûrs avant le coucher du soleil. Je propose d'ailleurs qu'on les emprisonne séparément. De cette façon, ils perdront de la force.

— **MMM...** tu as raison. Bravo, Delta-Derby ! Et toi, quoi de neuf, Gammascara ?

—Hier, avant de rentrer à la maison, je suis passée voir ma grand-mère, qui fait du bénévolat à la boutique de vêtements usagés du quartier. J'y ai trouvé des imperméables, des perruques, des lunettes et des chapeaux pour tout le monde. Demain, lors de notre mission, nous pourrons porter ce qui nous inspire. Et grâce à nos vêtements, les loups ne nous reconnaîtront pas. Nous serons de vrais caméléons.

—Vous avez bien travaillé, **LES ZALPHAS**. J'ai hâte de montrer aux loups de quel bois on se chauffe.

D'une seule voix, les Zalphajusticiers font alors entendre leur cri de ralliement:

– ALPHA !

– BÊTA !

– GAMMA !

– DELTA !

Drrrrrring !

C'est en discutant des projets de la journée que les quatre amis se dirigent vers l'entrée de l'école. Ils viennent à peine de passer la grande porte que des cris d'épouvante retentissent. Les Zalphajusticiers échangent des regards méfiants. Que se passe-t-il ce matin ?

— **DU SANG ! DU SANG !** Il y a du sang sur le plancher du corridor ! s'époumone un élève de troisième année.

— Il y en a aussi sur le mur de l'auditorium ! s'écrie une élève de cinquième, flageolante et blême, manifestement sur le point de perdre connaissance.

Autour des quatre amis, les enfants courent en tous sens, paniqués. Rapidement, toutefois, des membres du personnel interviennent en demandant aux élèves de se rendre à leurs classes. **LES ZALPHAJUSTICIERS**, eux, souhaitent avant tout voir de quoi il retourne. Se tournant du côté de Bêtabidule, Alpha-Béa lui demande de sortir son appareil téléphonique afin de prendre des photos.

Clic ! En arrivant au corridor qui mène à l'auditorium, les amis constatent effectivement que le plancher est couvert de traînées d'une matière cramoisie et visqueuse. **Clic ! Clic ! Clic !** Prenant son rôle de limier au sérieux, Delta-Derby se penche pour tâter et renifler les taches.

— C'est du ketchup, on aurait dû s'en douter. On a encore affaire aux loups…

— **REGARDEZ ! SUR LE MUR !** crie Alpha-Béa.

Levant les yeux, les justiciers voient alors, sur la porte de l'auditorium, une coulée sanglante à l'intérieur de laquelle il est écrit : **« HOUUUUU ! » CLIC ! CLIC ! CLIC !**

Pendant que **LES ZALPHA-JUSTICIERS** analysent la scène, un instituteur se poste derrière eux :

— Bon, ça va, les curieux, entrez dans vos classes ou vous serez en retard !

— Vous avez raison, répond Alpha-Béa, qui ne veut pas avoir de problèmes. Venez, dit-elle à ses camarades. On reparlera de tout ça à la récréation !

LES ZALPHAS entrent dans leurs classes au son de la deuxième cloche, la tête tout à leur mission.

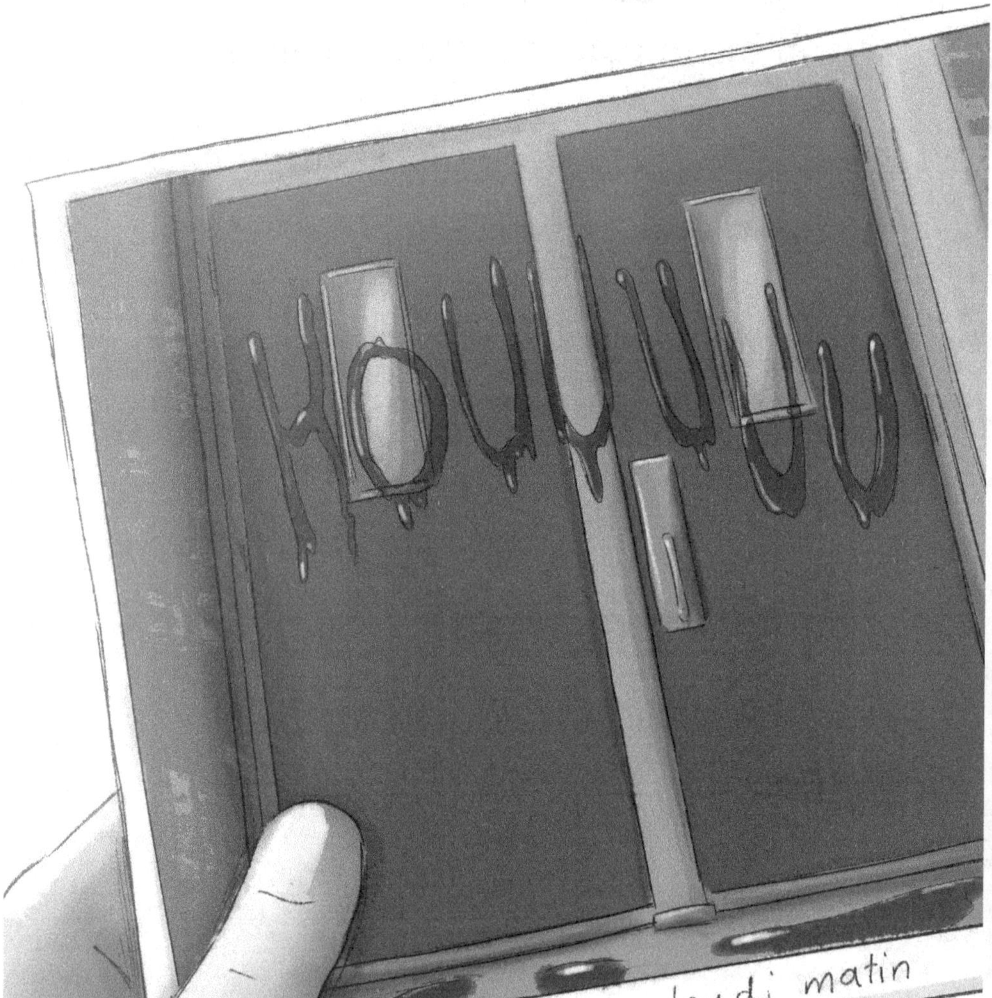
Jeudi matin

12

JEUDI, 10 H

Alpha-Béa est déjà assise au repaire et consulte un album intitulé *Deviens un super agent secret en seulement 12 leçons*, quand son iPod se met à vibrer.

Bloop !

Gammascara

Attendez-moi, j'arrive !

Bloop !

Bêtabidule

Moi aussi. Avec du nouveau.

Bloop !

Delta-Derby

Arrive bientôt. Suspect en vue.

Bloop !

Alpha-Béa

Je vous attends. Prudence, Delta.

Bloop !

Delta-Derby

10-4 !

Alpha-Béa vient à peine de lire le dernier message qu'elle voit arriver ses amis Gammascara et Bêtabidule.

— Qu'est-ce que fait Delta-Derby ? demande Bêtabidule. Pensez-vous qu'on devrait aller l'aider ?

Comme pour répondre à cette interrogation, tous les appareils se mettent à vibrer en même temps.

Cling ! Bloop ! Zzz !

Delta-Derby

J'arrive.

Les justiciers lèvent la tête pour surveiller la porte d'entrée, qui s'ouvre quelques secondes plus tard sur leur camarade. Celui-ci vient les rejoindre rapidement malgré ses béquilles. De toute évidence, l'athlète est en pleine forme.

— Quoi de neuf? s'écrient les trois amis alors que Delta-Derby prend place à la table.

L'agent secret pose d'abord ses béquilles à côté de lui avant de répondre :

— En passant par les toilettes, tantôt, avant de venir vous rejoindre, je suis tombé **par hasard** sur Rodrigue St-Sauveur…

— Et puis ? demande Alpha-Béa.

— Eh bien, j'ai d'abord reconnu ses souliers, qui dépassaient du cabinet. En clair, je crois qu'il était malade. Et cela, à cause de sa transformation prochaine… Pour en savoir plus, je me suis caché dans le cabinet d'à côté. J'ai attendu qu'il sorte et c'est à ce moment que je l'ai vu se rincer le visage. Il était blanc… comment dire ? **COMME UN FANTÔME !**

— Si je me fie à un film que j'ai déjà vu, répond Bêtabidule, les loups-garous souffrent beaucoup avant leur transformation, les nuits de pleine lune. D'après moi, la pâleur du visage de St-Sauveur doit être liée à son manque de sommeil et à la douleur qu'il éprouve à devenir un loup. As-tu remarqué s'il lui poussait du poil ?

—Euh… non.

— J'ai une autre question... À la fin de ton texto, tantôt, tu as écrit « **10-4** ». Qu'est-ce que ça veut dire ?

— Bien, dans les films, quand ils communiquent entre eux avec leurs talkies-walkies, les policiers finissent toujours leurs conversations par ces chiffres : « **10-4** ». Je me suis dit qu'on devrait faire de même, que ça aurait l'air professionnel.

— En fait, intervient Alpha-Béa, en consultant le livre qu'elle a emprunté tantôt à la bibliothèque, « **10-4** », ça veut dire « message reçu ». Ces chiffres font partie de ce qu'on appelle communément les « **CODES 10** ». Ces codes, paraît-il, sont utilisés par les policiers ou encore les pompiers pour communiquer entre eux. Certains de ces codes pourraient nous être utiles lors de notre mission de vendredi : **« 10-0 »,** par exemple, veut dire « agissez avec prudence » ; **« 10-2 »** veut dire « je vous reçois bien » ; **« 10-5 »** signifie « relayez l'information ». On devrait d'ailleurs les apprendre par cœur.

— **TOUT À FAIT D'ACCORD**, répond Bêtabidule, qui se désole ensuite d'entendre sonner la cloche. Est-ce qu'on se voit ce midi à la cafétéria ?

— Moi, j'ai une répétition. Pour le spectacle de demain.

— Veux-tu qu'on t'accompagne ? demande promptement Delta-Derby.

— J'aurais bien aimé, avoue la jeune fille. Mais les organisateurs ne veulent pas que d'autres élèves assistent à la générale. Ils disent que le spectacle doit surprendre le public.

— Bon, alors, nous veillerons sur toi à l'extérieur de la salle, lui promet Delta-Derby. Nous aurons les loups à l'œil ce midi.

— Oui ! Tu peux compter sur nous, Gammascara, assure Alpha-Béa. On se reverra cet après-midi. En attendant, **10-0 !**

LES ZALPHAS, en riant, répondent en chœur à leur amie :

— **10-4 !**

13

RÉPÉTITION GÉNÉRALE

Assis autour de la table, **LES ZALPHAJUSTICIERS** préparent leur filature.

— Toi, dit Alpha-Béa à Gammascara, tu vas à ta répétition comme si de rien n'était. Nous, on va s'occuper des loups.

— Qui va s'occuper de mon loup à moi ?

— Chacun s'occupera de son loup respectif. Celui qui tombera sur le tien, eh bien, il le prendra en chasse.

— Bon, alors, souhaitez-moi bonne chance.

— Bonne chance, Gammascara. C'est **TOI** la meilleure !

May-Lee range ses plats dans son sac à lunch. Puis elle tourne les talons et marche vers la sortie de la grande salle. Elle ressent un tel trac qu'elle n'a pas réussi à avaler une seule bouchée. Elle a d'ailleurs un peu mal au cœur. Mais, en même temps, elle a hâte de monter sur scène pour danser et chanter sous les projecteurs :

C'est la vie que j'ai choisie
Je me fonds dans la nuit
Sur la scène, je m'expose
Dès que la musique explose

Gammascara passe par les toilettes avant de se rendre à l'auditorium. Là, devant la glace, elle fouille son sac tout en fredonnant. Elle a envie d'un petit changement qui lui donnerait du style et attirerait sur elle les regards… « Tiens, des lunettes vintage ! » May-Lee adore ces lunettes ! Elles appartenaient à sa grand-mère. Elle les a trouvées chez elle, l'autre jour. Elle les a mises sur le bout de son nez. Sa mamie, amusée, lui a dit que cet accessoire lui donnait un air mystérieux et la faisait ressembler à la grande Irma Hata. La jeune fille a sauté de joie. Sa grand-mère lui a alors offert les lunettes. Aujourd'hui, la chanteuse en herbe se dit que cet objet lui portera chance. D'ailleurs, de la veine, elle en aura besoin. « Ouf! Midi. L'heure de vérité vient de sonner. Courage, ma grande. Tu vas les éblouir avec ton talent et ton originalité. »

Gammascara quitte les toilettes et se rend à l'auditorium en prenant de bonnes respirations. Devant la salle, il n'y a plus aucune trace du graffiti en ketchup. D'ailleurs, la grande porte a été déverrouillée. Son cœur battant comme s'il voulait sortir de sa poitrine, elle entre.

À l'intérieur, tous les participants sont assis dans les gradins. Ils se retournent quand May-Lee fait son entrée. Debout sur la scène, un micro à la main, monsieur Michel, enseignant de musique, en rajoute en apostrophant la jeune fille, sa voix résonnant dans les haut-parleurs :

— Te voilà enfin, May-Lee Binette. On peut commencer ! Écoutez tous ! Je vais vous expliquer comment nous allons procéder…

Rouge comme… du ketchup, May-Lee prend place à l'écart, dans les gradins. Elle est tellement nerveuse qu'elle a du mal à se concentrer sur les propos de monsieur Michel. Soudain, son appareil résonne.

Cling !

Alpha-Béa

Loup A se dirige vers auditorium.
Le suis à la trace.

Cling !

Bêtabidule

Loup B suit Loup A.
L'ai bien en vue.

Cling !

Delta-Derby

C et D suivent A et B.
Je suis derrière.

Des élèves entendent l'appareil de Gammascara sonner. Ils se retournent en soupirant et la regardent avec insistance pour qu'elle l'éteigne. Après tout, l'enseignant est en train de donner des informations importantes sur le déroulement du spectacle.

Cling !

Gammascara

10-2.

— Madame Binette ?

— Euh… oui ?

— J'ai dit que vous étiez la première à passer. Est-ce que le trac vous a rendue sourde ?

— Euh… non…

— On vous attend sur scène. Tout de suite. C'est vous qui allez briser la glace du spectacle.

May-Lee se lève, honteuse et confuse. Cette enquête lui fait perdre tous ses moyens. Autour d'elle, des élèves ricanent. Elle feint de les ignorer et lève la tête. Ils riront moins lorsqu'ils constateront l'ampleur de son talent!

La jeune fille monte sur scène sans sentir ses jambes qui la portent. Elle est d'ailleurs dans un tel état de nervosité qu'elle ne voit pas un fil de micro qui traîne par terre. Au moment où elle atteint le X où elle doit se placer pour chanter, elle trébuche sur ce fil et s'étale de tout son long. Sous les projecteurs. Devant la foule. Rires, sifflements, applaudissements.

« May-Lee, est-ce que ça va ? » Monsieur Michel lui tend une main qu'elle saisit. Remise sur ses pieds, elle fait signe que oui, et, ignorant toujours les gens de la salle, les battements de son cœur dans ses genoux écorchés et la blessure infligée à son amour-propre, elle prend le micro que lui donne l'enseignant. Derrière elle, le groupe de musiciens entame la chanson la plus populaire d'Irma Hata : *Chanteuse espionne*. Elle l'interprète sans en avoir trop conscience. Fausse-t-elle ? Suit-elle le rythme ? Exécute-t-elle bien ses pas de danse ? Elle l'ignore totalement. Elle a mal aux genoux et elle est sur le point de mourir de honte. Bref, elle vit les moments les plus **abominables** de toute sa vie.

Quand la musique s'arrête, elle rend le micro à monsieur Michel, qui la remercie tout en prenant des notes scéniques. Quant à elle, elle ne s'attarde pas dans la salle. Évitant de regarder le public, elle quitte l'auditorium en claudiquant. Elle a besoin du soutien de ses amis. Il lui faut les retrouver au plus vite!

May-Lee emprunte le corridor qui mène vers la sortie de la cour arrière. Elle est rendue près de la porte quand elle croise la meute. Rodrigue St-Sauveur, assis sur un banc, tient une débarbouillette sur sa nuque. Il est entouré de ses congénères, qui affichent un air inquiet. Pour en savoir le plus possible, elle prend son temps. Elle peut alors voir et entendre les trois loups qui entourent Rodrigue lui prodiguer des paroles d'encouragement et de réconfort. Elle leur sourit innocemment, tel un caméléon à l'affût de l'action.

ZZZZZZZZZZWUiZZZZZ!

Gammascara reconnaît ce son. Il s'agit de l'auto téléguidée de Bêtabidule. « Où est-elle ? se demande-t-elle en la cherchant des yeux. Ah ! Elle vient de passer sous le bac de recyclage. »

Gammascara sort et referme la porte derrière elle après avoir jeté un dernier regard aux loups. Elle boitille ensuite jusqu'au repaire des **ZALPHA-JUSTiCiERS.** Là, elle raconte à ses amis sa déconvenue, tout en soignant ses éraflures. Ensuite, les espions lui font le rapport de leur filature.

— Pendant que tu étais dans l'auditorium, nous avons suivi la meute à partir du moment où ils sont sortis de la grande salle. Ils étaient ensemble tous les quatre, explique Delta-Derby.

— Oui, confirme Bêtabidule. Ils s'en allaient vers l'auditorium. On ne sait pas ce qu'ils allaient y faire. Chose certaine, à un moment donné, Rodrigue St-Sauveur s'est sauvé en courant vers la salle des toilettes. Ses complices l'ont suivi. Ils sont restés longtemps à cet endroit. Nous avons attendu qu'ils en sortent pour que j'y entre à mon tour. Je n'y ai **RIEN TROUVÉ D'ANORMAL.**

— Quand Bêtabidule est entré dans la salle de toilettes, nous sommes partis sur les traces de la meute. Mais des surveillants nous ont interceptés et nous ont envoyés dehors, poursuit Alpha-Béa, déçue.

—Mais… nous avons tout de même réussi à les suivre encore grâce à mon Bêtabolide ! C'est ainsi que j'ai rebaptisé ma **Turbo Caméra Secrète !**

—**MMM...** oui, j'ai vu ton Bêtabolide quand je suis sortie de l'auditorium. Dans ta caméra, tu as dû apercevoir comme moi les loups assis près de l'entrée, entourant leur copain malade. Son état ne semble pas du tout s'améliorer…

—Avec un peu de chance, il restera chez lui demain, soupire Delta-Derby. Je vais l'avoir à l'œil cet après-midi.

La cloche sonne la fin du dîner. Pendant que ses amis se lèvent, Gammascara se demande comment elle fera pour affronter le regard des élèves dans sa classe. Il y en a sûrement qui l'ont vue tomber sur scène, avant de s'embourber dans son numéro… Son amie Alpha-Béa lui met la main sur l'épaule pour la consoler :

—T'en fais pas, May-Lee. Demain, tout ira mieux. Tu **brilleras** sur scène.

—Oui, et, s'il le faut, je te prêterai mes béquilles.

Cette offre de Delta-Derby fait éclater de rire la jeune fille. Son hilarité, contagieuse, s'étend à toute la bande, qui entre dans l'école en discutant dans la bonne humeur.

14

TROIS PETITS TEXTOS ET PUIS S'EN VONT

Bloop !

Bêtabidule

Peux pas aller à la récré.
Projet en classe non terminé.
On se voit demain.

Bloop !

Gammascara

Moi non plus. Réunion
en classe pour projet de chorale.
On se voit demain.

Bloop !

Delta-Derby

Moi non plus. Réunion en classe pour un projet sportif. À demain !

Cling ! Dring ! Zzz !

Alpha-Béa

Messages reçus. À demain. 10-4

15

VENDREDI, 7 H 40

Réunis à leur quartier général, **LES ZALPHAJUSTICIERS** sont fébriles.

— C'est aujourd'hui le jour J, dit Alpha-Béa d'une voix solennelle. Bêtabidule, as-tu terminé de confectionner les gadgets pour ce soir ?

— Affirmatif, Alpha-Béa.

Pendant que l'espion parle, il distribue son matériel aux agents concernés : le micro mascara à Gammascara, le stylo « aveuglissant » à Alpha-Béa et une lunette d'approche à visser à la béquille de Delta-Derby. Ce dernier, content, explique à ses amis qu'il peut à nouveau marcher sur son pied.

—Mais j'ai gardé les béquilles pour la mission, ajoute-t-il.

—Et toi, Gammascara, poursuit Alpha-Béa, as-tu les habits de camouflage ?

—Les voici, dit-elle en tendant des sacs à ses partenaires. Chacun contient un imperméable, un chapeau, des moustaches postiches, des perruques, des accessoires et des lunettes fumées. Vous les cacherez dans vos casiers jusqu'à ce soir. Vous y prendrez ce qui vous conviendra.

— Merci, Gammascara. Avec la journée de préparation au spectacle, nous ne nous verrons sûrement pas aux récréations. J'espère toutefois que nous aurons la chance de dîner ensemble. Nous en profiterons pour faire le point au sujet de notre mission. Êtes-vous prêts à faire triompher notre **ABCD** ?

— Oui ! s'écrient les **4Z** en chœur.

— On peut donc dire que **L'OPÉRATION CASSE-CROÛTE** est en route !

Drrrrrrrrring !

16

DU LOUP AU DÎNER

Ce midi, les Zalphajusticiers sont si excités à l'idée de la soirée qui vient qu'ils se dépêchent d'avaler leur dîner pour pouvoir rapidement se consacrer à leur plan. Ils n'en oublient pas pour autant leur filature.

— Pour le moment, ils mangent, dit Delta-Derby à ses amis en parlant des loups.

— Ils parlent entre eux et ils ont l'air d'avoir plein de choses à se dire, ajoute Bêtabidule en épiant les suspects. Ils semblent d'ailleurs parler à voix basse.

— Bah… ils peuvent parler tant qu'ils veulent. Nous allons les arrêter ce soir à la première occasion, ajoute Alpha-Béa avant de prendre une longue gorgée de punch aux fruits. **Sluuuuurp !**

— Moi, avoue Gammascara en tapant du pied, je ressens en ce moment un trac immense. Je crois que je ne serai fonctionnelle que lorsque j'aurai présenté mon numéro. Heureusement, je serai la première à chanter, ce soir. Immédiatement après, je prendrai part à l'opération.

L'heure du dîner s'écoule à une vitesse folle, pendant laquelle **LES ZALPHAJUSTICIERS** mettent au point leur opération. Delta-Derby explique à ses camarades comment il voit les choses :

— L'opération sera rapide et efficace. Grâce à nous, les élèves de l'école vivront le grand spectacle des Étoiles savantes en toute sécurité. On se revoit donc ici juste avant le début de la soirée. Des questions ? Alors, bonne chance à tous ! Soyez prudents ! Des loups-garous, ça mord !

17

OPÉRATION CASSE-CROÛTE

Dans la salle, la foule est en délire. Elle applaudit à tout rompre monsieur Michel, qui présente le spectacle et les artistes qui y participeront : « … Pour ouvrir la grande soirée des Étoiles savantes, mesdames et messieurs, accueillons May-Lee Binette, qui nous interprétera le grand succès d'Irma Hata, *Chanteuse espionne.* »

Les lumières s'éteignent. Le public se tait. Le rideau s'ouvre ensuite sur May-Lee, complètement transformée pour son numéro. Elle porte une perruque aux cheveux courts, rouges, un imperméable noir et des faux cils ornés de minuscules rubis. Sous l'œil droit, elle a collé son grain de beauté synthétique. L'artiste avance de quelques pas sur la scène, alors que la musique fait entendre ses premiers accords. Puis la jeune fille commence à chanter en dansant :

Je chante pour vous envoûter

Je suis une artiste
qui aime le danger

Je monte sur scène pour
vous faire rêver

Mais... je suis une espionne
C'est mon vrai métier!

J'ai peur, mon cœur
Mais si je pleure, je meurs
Chanteuse espionne (bis)
Chanteuse espionne (bis)
C'est la vie que j'ai choisie
Je me fonds dans la nuit
Sur la scène, je m'expose
Dès que la musique explose
Chanteuse espionne (bis)
Chanteuse espionne (bis)
Je disparais dès que le rideau tombe
Je me faufile parmi les ombres

Je te vois, tu es si près de moi

Mais je suis une autre...
et tu ne me reconnais pas

Chanteuse espionne (bis)

Chanteuse espionne (bis)

Béatrice, Louis-Benjamin et Erby regardent évoluer May-Lee sur scène avec admiration. Elle est tout simplement **magnifique!** La chanteuse, quant à elle, a l'impression de vivre un rêve. Tout, en ce moment, lui semble irréel. Or, elle en arrive bientôt, à regret, aux dernières notes de la chanson. Elle salue ensuite la foule et disparaît dans un nuage de fumée. Alors, c'est **L'OVATION!** Tout le monde, dans la foule, a été impressionné par son numéro.

Monsieur Michel attrape May-Lee par un bras alors qu'elle se dirige vers la loge et la renvoie derechef sur scène, pour saluer à nouveau son public.

« BRAVO ! BRAVO, MAY-LEE ! MAY-LEE ! MAY-LEE ! » scande-t-on quand l'artiste remonte sur scène. Celle-ci, émue, salue la foule, lui envoie des baisers et disparaît derrière les rideaux. Monsieur Michel revient alors afin de présenter le deuxième numéro de la soirée.

May-Lee, aussitôt qu'elle le peut, se rend à sa loge pour enlever sa perruque et en enfiler une autre, brune, à bouclettes. De même, elle enfile des lunettes avec une monture dorée et des verres miroitants. Elle vient de terminer sa transformation quand son appareil sonne.

Cling !

Alpha-Béa

Bravo, Gammascara !
Je suis en position.

Cling !

Bêtabidule

Bravo G. ! Je suis en position.

Cling !

Delta-Derby

Bravo ! Je suis en position.

Zzz ! Bloop ! Dring !

Gammascara

10-2. Suis prête et en position.

Zzz ! Cling ! Dring !

Alpha-Béa

Loup 1 en vue !

Assise sur un banc, juste à côté de la porte de l'auditorium, faisant semblant de prendre des notes dans son calepin, Alpha-Béa porte un imperméable rose fuchsia, un chapeau de feutre gris et des verres fumés. Parce qu'elle la trouvait amusante, elle a aussi enfilé une perruque rousse, longue et frisée. Elle resserre les doigts sur son stylo « aveuglissant » quand elle voit arriver Olivier Larivière-Laforêt.

Ce dernier marche rapidement. Il a un sac de sport sur l'épaule. Lorsqu'il passe près du banc, Alpha-Béa lève la tête et dit : « Bonsoir, Olivier ! »

Ce dernier sursaute avant de répondre.

— **EUH... SALUT !** Je ne t'avais pas reconnue.

— C'est bien moi. Viens, j'ai besoin de ton aide pour une devinette.

— Je n'ai pas tellement le temps, là...

Alpha-Béa se lève et fait signe à Olivier de la suivre. L'entraînant vers le local du concierge, elle lui demande, en improvisant :

— Qu'est-ce qui arrive... quand on a le soleil dans les yeux ?

Olivier regarde Alpha-Béa, perplexe, avant de risquer une réponse :

— On est aveuglé ?

Ouvrant toute grande la porte du placard où le concierge range son matériel à l'aide du passe-partout qui sert également à ouvrir la porte du journal étudiant, l'espionne félicite Olivier avant de déclencher le flash de son stylo. Olivier pousse alors un cri de surprise et tente de reculer. Mais Alpha-Béa, rapide comme l'éclair, appuie sur un bouton qui fait jaillir un jet d'huile sur le plancher. Olivier, ébloui, met le pied sur la substance et glisse sur le sol. Alpha-Béa en profite pour le pousser dans le placard et l'enfermer à double tour. Olivier, qui comprend ce qui vient de lui arriver, se met à frapper la porte en criant. Alpha-Béa lui répond, tout sourire :

— Tu ne mangeras personne avec du **KETCHUP** ce soir, Lou Canthrope !

L'agente va tourner les talons quand elle se souvient qu'au cours de la manœuvre, Olivier a laissé tomber son sac de sport. Curieuse, elle l'ouvre. Elle y trouve… un dentier de loup aux longs crocs acérés. « On l'a vraiment échappé belle », se dit-elle en jetant le sac dans le bac de recyclage.

Zzz ! Cling ! Dring !

Alpha-Béa

Loup 1 neutralisé.

Cling ! Dring ! Bloop !

Bêtabidule

Loup 2 en vue !

Caché à côté du réduit où les surveillants rangent les jeux de société et le matériel de bricolage, du côté de la grande salle des dîneurs, Bêtabidule, vêtu d'un imperméable beige trop grand pour lui et d'une casquette de détective, suit l'évolution de son Bêtabolide sur l'écran de son téléphone portable. **« ZOUiZZZZZZZZZZZZZZ ! »** La voiture file à vive allure vers

Pierre-Olivier Lamartine-Dumouchel, qui vient d'entrer dans l'école et qui se dirige vers l'auditorium, un sac en papier brun à la main.

Lorsqu'il aperçoit la voiture qui s'immobilise devant lui, Pierre-Olivier, amusé, regarde à gauche et à droite. Personne en vue. La voiture klaxonne puis fait demi-tour. Curieux, Pierre-Olivier dépose son sac sur un banc et se met à la suivre. La voiture, rapide, entre dans le réduit, dont la porte est entrouverte. Pierre-Olivier y entre aussi pour l'attraper. Bêtabidule profite de ce moment pour sortir de l'ombre et enfermer le suspect grâce à la grosse serrure qui se trouve tout en haut de la porte. Lorsqu'il constate qu'il est pris au piège, Pierre-Olivier se met à crier. D'autant plus qu'il a peur dans le noir et que le réduit est plongé dans l'obscurité dès qu'on referme sa porte.

— **TEL EST PRIS QUI CROYAIT PRENDRE, MON GROS LOUP!** lui dit Bêtabidule en riant. Bonne soirée!

Louis-Benjamin s'en va en direction de l'auditorium en sifflotant. Il s'arrête devant le banc et prend le sac. Il l'ouvre et y découvre une bouteille de ketchup. «Ils avaient vraiment envie de se payer notre tête, ces loups.»

Bloop! Cling! Dring!

Bêtabidule

Loup 2 neutralisé.

Bloop ! Zzz ! Dring !

Gammascara

Loup 3 en vue !

May-Lee prend une longue inspiration en voyant arriver Laurent Junior Rompré à la porte menant aux loges des artistes, un sac à dos sur l'épaule. Prenant son courage à deux mains, elle va à sa rencontre. Elle lui sourit d'une façon avenante et penche la tête de côté en le saluant.

—Laurent Junior ! Comment vas-tu ?

—Bien...

—As-tu deux minutes ? Je fais un reportage sur le grand spectacle de **l'école des Étoiles savantes.**

En parlant, elle sort le tube de mascara de la poche de son imperméable, ce qui fait sourire Laurent Junior. S'avançant vers la sortie donnant sur le stationnement de l'école, Gammascara ouvre le tube. Laurent éclate de rire en voyant l'applicateur de maquillage, qui est en fait un micro.

— **1-2 ! 1-2 ! Test !** dit la jeune fille. Laurent Junior, veux-tu me suivre dehors ? J'ai besoin de tranquillité pour notre entrevue. Passe en premier, je te suis. Pose ton sac ici, avant.

Pour donner le change au suspect, Gammascara pose son sac à main par terre. Laurent Junior, perplexe, obéit tout de même à la jeune fille, posant son sac à côté de celui de May-Lee.

Cette dernière, souriant toujours, ouvre la porte et fait un petit signe de tête à Laurent, qui sort. Lorsqu'il se retourne, vlan ! Gammascara lui ferme la porte au nez.

— **DEHORS, LES LOUPS !** lui dit-elle ! Bonne soirée !

Laurent Junior se met aussitôt à frapper à la porte, suppliant Gammascara de lui ouvrir. Celle-ci fait la sourde oreille. Elle se penche plutôt et ramasse le sac à dos. Elle l'ouvre devant Junior et y découvre… des nez, des yeux, des oreilles en caoutchouc et une bouteille de sang synthétique ! Dehors, le loup pris au piège continue de crier, pendant que Gammascara, prenant son sac à main, se tourne et marche en direction de l'auditorium. Elle jette au passage le sac à dos dans la boîte à objets perdus. Approchant son micro-mascara de sa bouche, elle appelle ses amis : « 1-2 ! Loup 3 neutralisé ! »

Bloop ! Cling ! Zzz !

Delta-Derby

10-4, Gammascara. Loup 4 en vue.

Tout en haut de la montée pour les fauteuils roulants, Erby est assis sur un banc devant l'entrée principale, dont la porte est ouverte. Il baisse sa béquille gauche, dans laquelle, grâce à sa lunette d'approche, il voit s'avancer Rodrigue St-Sauveur, le visage crayeux et couvert de sueur. St-Sauveur devra passer devant lui pour rejoindre le couloir menant à l'auditorium. En attendant, Delta-Derby ajuste la ceinture de son imperméable aux manches trop courtes. Il a tellement chaud qu'il doit remonter ses lunettes, qui ne cessent de descendre sur son nez.

Lorsqu'il juge que le suspect est assez près, Erby se lève en faisant mine d'éprouver de grandes difficultés.

— Ouille, gémit-il, comment faire pour aller chercher mon cartable ?

— De quoi tu parles ? demande Rodrigue St-Sauveur.

— J'ai échappé mon cartable, tantôt, en montant… et là, j'ai trop mal à la cheville pour aller le chercher…

Rodrigue tourne la tête. Un cartable se trouve effectivement au milieu de la montée pour les fauteuils roulants. Pour aider son camarade de classe, qu'il n'avait jamais vu avec des lunettes et cet imperméable visiblement trop petit, il décide d'aller le chercher. Or, pendant qu'il est penché pour ramasser l'objet, Delta-Derby marche jusqu'à la montée, s'empare de sa deuxième béquille et, enlevant le bouchon de caoutchouc qui se trouve à son pied, vide son contenu sur la surface. En tombant, les centaines de billes surprennent Rodrigue St-Sauveur, qui glisse sur le dos, traverse l'entrée et se retrouve couché de l'autre côté de la porte principale de l'école. Delta-Derby, fier de lui, se laisse glisser sur la rampe de l'escalier qui mène à l'entrée. Quand il referme la porte, Laurent Junior fait irruption, surpris de trouver son ami couché au pied de l'entrée. Il l'aide donc à se relever. Une fois debout, Rodrigue appuie sur la sonnette pour attirer l'attention. En souriant, Delta-Derby montre aux deux loups piégés le tournevis qui lui a servi à débrancher la sonnette.

— Vous pouvez hurler tant que vous le voudrez, les gars ! lance-t-il. Personne n'entendra votre **« TINTAMORT ! »**

Content de son effet, il tourne le dos aux deux suspects et escalade les marches deux par deux.

Bloop ! Cling ! Zzz !

Delta-Derby

Loup 4 neutralisé. Rendez-vous à la salle.

Les 4Z se rejoignent à l'auditorium, devant l'entrée des artistes. Le gardien qui se tient devant la porte reconnaît Gammascara et la laisse passer avec ses amis. En faisant le moins de bruit possible, ils vont s'asseoir au fond de la salle, là où il reste quelques sièges de libres. Ils se serrent la main, satisfaits du travail qu'ils ont accompli, pendant que, sur la scène, un trio de danseurs soulève la foule par son énergie et ses acrobaties. Quand le numéro est terminé, la foule applaudit chaudement.

Les danseurs sortent de scène, puis monsieur Michel y entre et annonce :

Mesdames et messieurs,
j'ai maintenant l'honneur de vous
présenter, dans un numéro
très original, quatre gars qui aiment
le gros méchant loup et le rock.
Accueillons sans plus tarder Lou
Canthrope et les Loups-voyous!

La foule applaudit fort et siffle. Puis le rideau s'ouvre sur une scène… vide ! Le public pousse alors un long soupir de déception avant de se mettre à scander : **« Loups-voyous ! Loups-voyous ! Loups-voyous ! »** À cet instant, **LES ZALPHAJUSTICIERS** échangent des regards perplexes. Il fait soudain bien chaud dans la salle…

Monsieur Michel, alarmé, monte sur scène et demande le silence. Lorsqu'il l'obtient, il dit, désolé : « Il semble que les Loups-voyous aient pris la clé des champs… » Des huées répondent au professeur, qui poursuit, déconcerté : « Notre spectacle se terminera donc de triste façon… »

Soudain, coup de théâtre, les grandes portes, sur le côté de l'auditorium, s'ouvrent sur les loups ! **« NOUS SOMMES ICI ! »** crie Olivier Larivière-Laforêt à l'intention du professeur. Suivi de ses camarades, il monte sur scène et va retrouver monsieur Michel. Le professeur, abasourdi, leur demande la raison de leur retard. « On nous a enfermés, explique Olivier, en état de choc. Heureusement, monsieur Gilles, le concierge, nous a libérés. »

La foule, médusée, pousse une longue exclamation. Monsieur Michel, de la main, tempère les élèves. Puis il demande : « Qui vous a empêchés de venir faire votre spectacle ? »

Les quatre loups répondent en chœur en pointant **LES ZALPHA-JUSTICIERS** du doigt : **« La rédaction du journal ! »**

Second coup de théâtre ! La foule se tourne vers les **4Z**, qui sont éclairés par les projecteurs. Ils doivent

s'expliquer. Ils n'ont pas le choix. Aussi, sur un signe d'Alpha-Béa, ils quittent leurs sièges et se rendent vers la scène pour rejoindre ceux qui étaient, il y a quelques minutes à peine, leurs prisonniers. « Peut-on savoir ce qui se passe ? » demande monsieur Michel, mystifié.

Alpha-Béa, courageusement, prend le micro qu'on lui tend et commence à expliquer ce qui leur a fait croire, à ses amis et à elle, en l'existence d'un complot ourdi par des loups-garous visant à semer la terreur au spectacle des Étoiles savantes :

— D'abord, il y a eu les morceaux de corps en caoutchouc dans les boîtes à lunch. Ensuite, il y a eu tous ces messages menaçants, ce ketchup sur le plancher et les murs, les mains gantées et griffues sur la vidéo.

—Nous voulions que vous publiiez ces messages dans le journal, explique Olivier Larivière-Laforêt, déçu et confus. Tous ces jeux, c'était pour faire la promotion de notre groupe, de notre participation au spectacle.

—Ouais… et si vous n'êtes pas de vrais loups-garous, comment expliquer l'air malade de Rodrigue St-Sauveur, alors que c'est la pleine lune ? demande Delta-Derby, sûr de lui, en tirant le micro vers lui.

Cris de consternation dans la salle.

Rodrigue St-Sauveur essuie ses mains moites sur ses jeans avant de prendre le micro qu'on lui tend.

— C'est que… c'est que… c'est le trac qui me rend malade. J'ai mal au ventre et au cœur depuis quelques jours à l'idée de monter sur scène. Mais je dois dire qu'en ce moment, je me sens un peu mieux.

Éclats de rire et applaudissements dans la salle. L'atmosphère s'allège. Alpha-Béa reprend prestement le micro des mains de Rodrigue.

— Comment expliquer la présence d'un dentier de loup dans ton sac de sport, alors, Olivier Larivière-Laforêt ?

—ET LA BOUTEILLE DE KETCHUP? demande Bêtabidule à Pierre-Olivier Lamartine-Dumouchel.

—Et les nez, les yeux, et la bouteille de sang synthétique, hein? demande Gammascara à Laurent Junior Rompré.

—C'était pour le spectacle! répondent en chœur Lou Canthrope et les Loups-voyous.

Monsieur Michel, qui n'avait jamais assisté à un tel événement, écoute les élèves bouche bée. Monsieur le directeur vient à la rescousse en montant à son tour sur scène. Demandant le micro, il s'adresse ainsi à la foule:

— Voilà une bien étrange aventure qui nous prouve que, parfois, la réalité peut dépasser la fiction. D'autre part, cette histoire nous montre que l'école des Étoiles savantes ne manque ni d'élèves audacieux ni d'élèves imaginatifs. Ce qui me réjouit. Par contre, vous conviendrez avec moi qu'il faut savoir doser l'audace et l'imagination, sans quoi on en arrive à des malentendus qui peuvent vite tourner au drame. Bon, jusqu'à maintenant, le spectacle était merveilleux. Alors, je vous inviterai à faire une pause d'une quinzaine de minutes, le temps pour Lou Canthrope et les Loups-voyous de se préparer à nous présenter la finale du spectacle **des Étoiles savantes.**

Des applaudissements nourris accueillent la proposition de monsieur le directeur. Puis le rideau se ferme et les lumières s'allument. C'est l'entracte.

DU KETCHUP ET DES HURLEMENTS...

Pour notre plus grand plaisir !

Par **May-Lee Binette**, groupe 602

Photos : **Louis-Benjamin Beaudin-Provencher**, groupe 601

Finalement, il y a eu du « tintamort », vendredi dernier, à l'école des Étoiles savantes. Au cours d'une enquête quelque peu tirée par les cheveux, les rédacteurs de votre cher journal avaient cru avoir affaire à de vrais

La Gazette des étoiles savantes

DU KETCHUP ET DES HURLEMENTS...

Pour notre plus grand plaisir!

Par May-Lee Binette, groupe 602   Photos : Louis-Benjamin Beaudin-Provencher, groupe 601

Finalement, il y a eu du « tintamort », vendredi dernier, à l'école des Étoiles savantes.

Au cours d'une enquête quelque peu tirée par les cheveux, les rédacteurs de votre cher journal avaient cru avoir affaire à de vrais loups-garous. Pensant sauver l'école d'une attaque imminente (un message que le groupe avait envoyé à la rédaction annonçait effectivement que Lou Canthrope et sa meute mangeraient les élèves avec du ketchup le soir du spectacle), les journalistes, ne reculant devant rien, ont enfermé les loups aux quatre coins l'école.

Heureusement, monsieur le concierge, en faisant sa tournée, a libéré les loups qui n'avaient d'autre dessein que de hurler leur musique à pleins poumons tout en se couvrant de ketchup et de sang synthétique. La soirée loups-garous. Pensant sauver l'école d'une attaque imminente (un message que le groupe avait envoyé à la rédaction annonçait effectivement que Lou Canthrope et sa meute mangeraient les élèves avec du **KETCHUP** le soir du spectacle), les journalistes, ne reculant devant rien, ont enfermé les loups aux quatre coins de l'école. Heureusement, monsieur le concierge, en faisant sa tournée, a libéré les loups qui n'avaient d'autre dessein que de hurler leur musique à pleins poumons tout en se couvrant de ketchup et de sang synthétique.

La soirée, quelque peu perturbée par ce quiproquo mordant, s'est terminée avec de grands frissons, les membres du groupe ayant créé des costumes de loups-garous en fourrure qui donnaient froid dans le dos tant ils étaient réalistes. Jamais l'école des Étoiles savantes n'avait connu une soirée aussi haute en couleur. Bravo à monsieur Michel, organisateur de l'événement, et à tous les artistes qui y ont participé. Et longue vie aux Loups-voyous et à Lou Canthrope, qui nous ont tous bien eus avec leur campagne de promotion originale et leur mise en scène inspirée d'un conte de Charles Perrault !

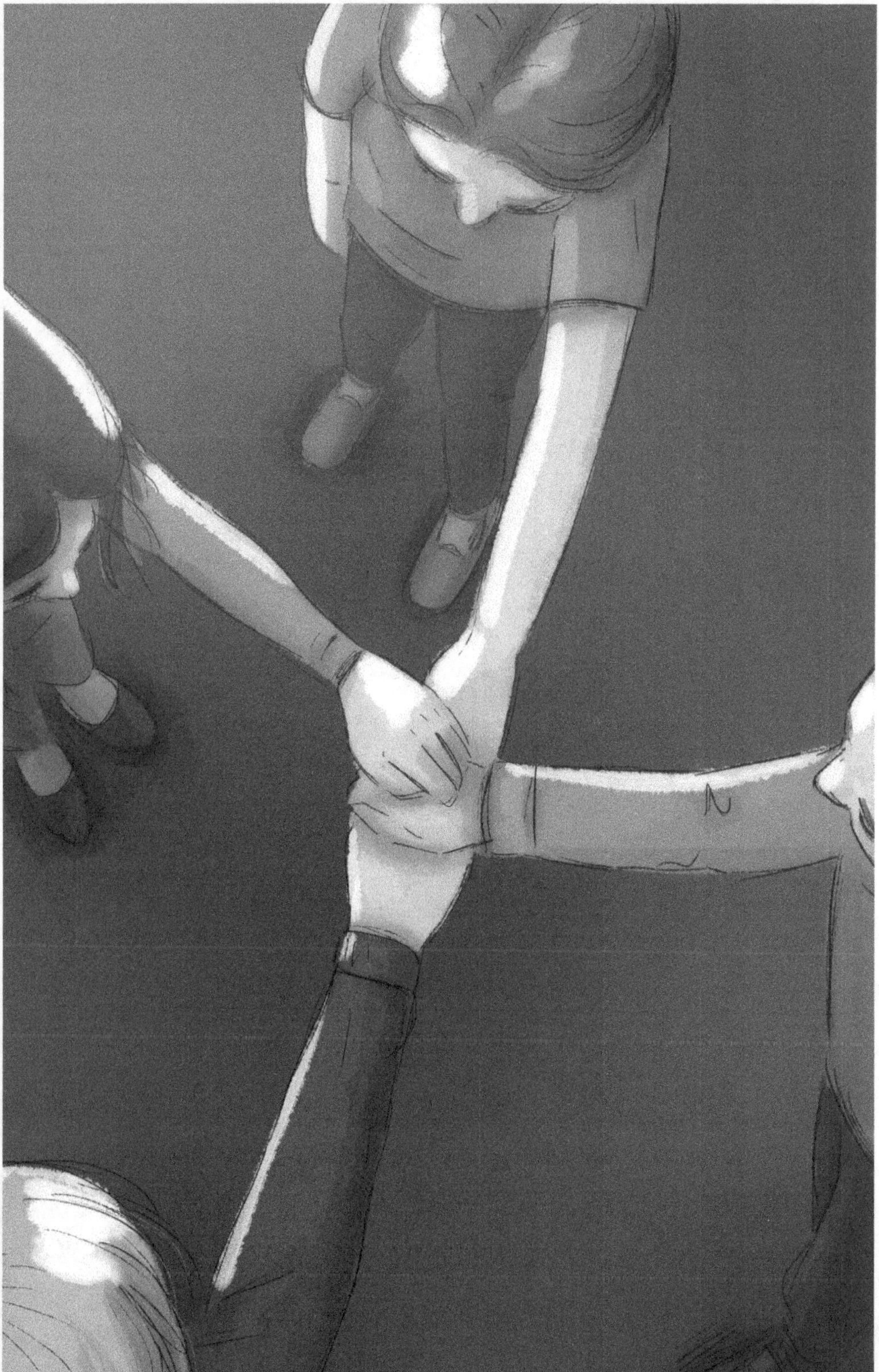

ÉPILOGUE

Réunis à leur repaire, **LES ZALPHA-JUSTICIERS** discutent de l'utilité de leur agence.

—Notre aventure est terminée, soupire Gammascara. Il n'y a plus aucun mystère ni aucun danger à l'horizon.

—Oui, mais on ne sait jamais... L'école ou même la ville pourraient avoir besoin de nous à un moment donné, répond Alpha-Béa.

—Et on pourrait vivre alors une vraie aventure, ajoute Bêtabidule, enthousiaste.

—Avec des gadgets, des costumes et de l'action ! s'écrie Delta-Derby.

—**Alors, on continue ?** demande Alpha-Béa en tendant le poing devant elle.

Les trois autres justiciers font de même et s'écrient à tour de rôle :

-ALPHA !

-BÊTA !

-GAMMA !

-DELTA !

TABLE DES MATIÈRES

Slalom

ÉMOTIONS EXTRÊMES

POLICIER ENQUÊTES SUSPENSE

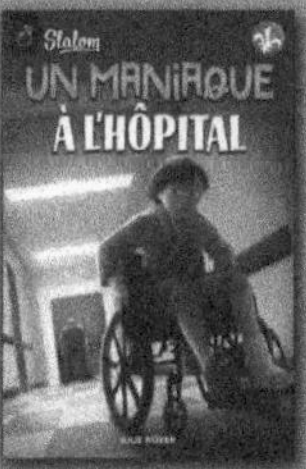

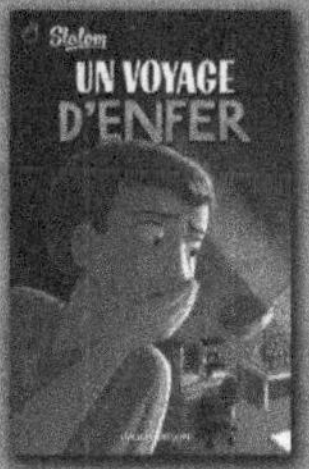

ns LA GRANDE famille
boomerang

Retrouve-nous aussi
sur Facebook et Instagram !